あらゆる

# 目標を達成する すごいシート

## やる気に左右されず結果を出す

*Amazing Sheet To Achieve Your Goals*

株式会社 新経営サービス
人事戦略研究所
佐藤耕一
*Koichi Sato*

日本実業出版社

# はじめに

あなたは、目標を達成していますか？

「目標」といっても仕事からプライベートまでいろいろな目標がありますが、あまり達成していないな、という方が多いのではないでしょうか。

また、目標を達成できていないからこそ、この本を手に取ったのだと思います。

これまでに、さまざまな書籍を読んだり、セミナーを受けたりして、目標達成のノウハウを身につけようとしたことがある方かもしれません。

しかし、なかなかうまくいきません。

目標設定が高すぎるのか？

ほかに、同じような目標で達成している会社やチーム、あるいはライバルがいるので、そうではありません。

やり方が間違っているのか？

こちらも、これまでうまくいった人と同じようなことをしているはずです。なのに、自分だけはうまくいかない……。

では、なぜ目標を達成することができないのでしょうか？

それは、これまで多くの会社や個人で行われてきた目標達成の方法は、一部のできる人たち（私は「天才型」と呼んでいます）向けのものか、あるいはできる資質がある天才型予備軍の人向けのものだったからです。

目的意識を持つ、目標を細分化する、中長期の目標を立てる、目標を自分から言わせてコミットメントを得る、行動量を増やすなど、さまざまな方法やメソッドがありますが、それらはみな「言われたらすぐにできる人」にしか、できない方法なのです。

私はこれまで、人事コンサルタントとして1万4000人を超える方々の目標設定と、その達成にかかわってきました。

その経験から、先ほどのような**一部の天才と、それ以外の「普通の人」とでは、目標に取り組む考え方や達成する方法が違う**ことがわかってきました。

目標を達成する1つの方法として、「行動量を増やす」というものがあります。しかし、「行動量を増やしましょう」と言われても、それができないから達成できていないのです。

「毎月20件の訪問件数を200件にしましょう」と言うのは簡単です。このように言われたら、中にはさまざまなやり方を考え出したり、すぐに実行したりして、目標を達成する人もいるでしょう。

でも、そうした人たちは、件数を増やすという行動をこれまでやってみなかっただけで、もともと資質があった天才型の人たちなのです。

これでは、「普通の人」が目標を達成するのが難しかったのは当然です。

それでは、どうしたらいいのでしょうか。

実は、先ほど述べたように1万4000人超の方々の目標達成にかかわってきた経験から、通常やってはいけないことのように言われている**「目先のことに取り組む」ということが、実は「普通の人」が目標を達成するために最も有効な方法**だということがわかりました。

そして、これを実践しやすい「シート」として1枚にまとめました。

これが本書でご紹介する**「魔法の達成シート」**です。

私の仕事柄、売上目標や販売個数などビジネス関連の目標が多いのですが、たとえばダイエットなどのプライベートな目標達成にも、もちろん応用できます。

## ▼▼▼こんな「普通の人」でも目標達成できる

実際に、たくさんの普通の人たちが目標達成をしてきた事例を以下に紹介します。

●入社後20年近く一度も高額商品が売れずに、勤続年数の長さのおかげで主任になっていた営業社員Tさん。**達成シートを使用しはじめて1年後の成績は、前の年に比べて売上が3倍。高額商品が売れた結果、粗利益は5倍**と伸ばして、その後、マネージャーに登用されました。

●ある製造現場の若手管理職Mさん。その部署では新卒社員も含めて遅刻が多い状態でした。製造業なので仕事はきっちりとしないといけませんから、製品はできるのですが、Mさんも困っていました。Mさんだけでなく部下たちも達成シートを使った結果、**遅刻がまったくなくなり、その部署の生産性が1年で20％上がりました。**

●Kさんは会社設立時から25年間勤続する一番の古株社員ですが、管理職にもなっていませんでした。誰しも強みと弱みがありますが、その弱みというのが管理職になれない致命的な理由でした。そこで、その**弱みを強くする目標に取り組んだところ見事に成果を上げ、2年後には統括部長へと一気に昇進**しました。

●110kgを超える体重で仕事にも支障が出はじめていたHさんは、過去10年以上何度もダイエットにトライしては失敗してきました。この達成シートを使ってダイエットを試みたところ、**1年間で無理なく84kgまで体重を落とし、健康診断の数値も改善しました。その後も順調に体重が落ちて現在は70kg台。**ずっとその体重を維持しています。

あなたが、彼らのような、あまり売れない営業マン、意識をなかなか変えられない人、管理職になれないベテラン、ダイエットができない人……といった、どちらかといえば多数を占める「普通の人」だとしたら、**あなたのための目標を達成する方法があるのです。**

## ▼▼▼目標達成で一番大事と言われる部分を無視する

あなたがビジネスパーソンであれば、「目標」というと、「売上」や「利益」、「販売数」「歩留まり」といったものになるかもしれません。

本当のところは、こうした目標がなぜ設定されているのかの目的を知ることが、最も大事なポイントです。

### ◆目標設定までの通常の流れ

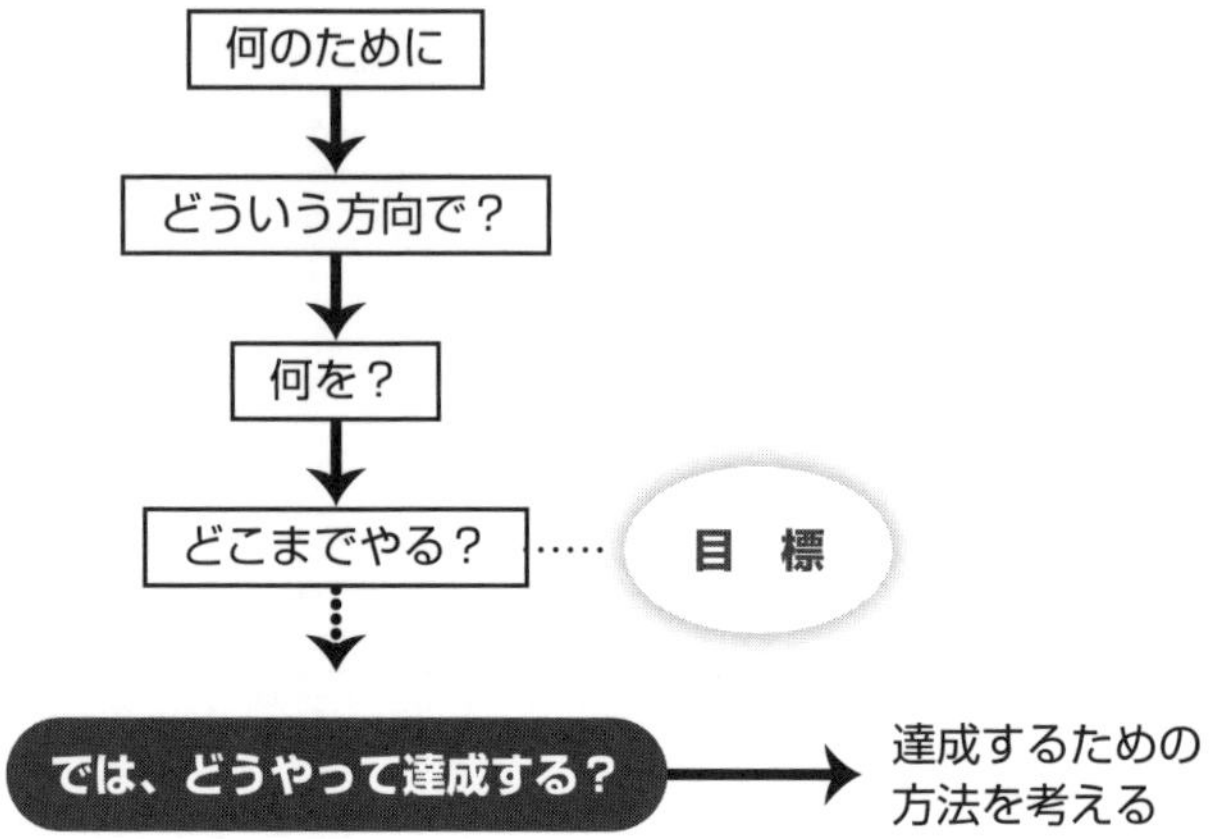


通常、目標を設定する際の一連の流れは、次のようになっています。

「何のために？」という目的があって、「どういう方向で？」という方針があって、

そして「何を」という目標があり、それを「どこまでやるのか」という数字や状態の目標水準がある、

という流れです。

では、

あなたは、仕事に対する目的意識を持っていますか？

会社方針や上位方針を意識していますか？

どうでしょうか。

現実に聞かれたら、「もちろん持っているし、意識している」と答えるかもしれません。でも実際のところ、目的意識を本当に強く持っているかというと、「大事だとは思うけど、正直、それほどでもない」というのが本音ではないでしょうか。

上司からは、「目的意識を持て」「使命感を持て」「部門方針と連動しろ」とうるさいくらいに言われるでしょうが、なかなか本気でそう思うことはできません。会社としての目標だから、やってみるか、という程度の意識でしょう。

当然、目標を達成できるかどうかはあやしいものです。

結果として、上司や周りから、アイツは目的意識が低いなあ、目標達成の意識がないなあ、などと思われることになります。

こういう状態で無理やり目標に向かって努力しても、まったく達成することはできません。そんな人々をたくさん見てきました。

## ▼▼▼ 1万人以上の人が目標達成できた「シート」とは?

実は、私も駆け出しのコンサルタントの頃は、このようなスタイルの指導をしてきました。一部の天才型の人はそれでも目標をクリアするのですが、当然、大多数の方々はなかなかうまくいきませんでした。

そこで、「仕事の目的」などはいったん置いておいて、まずは目標を達成するために何をしたらいいのか、どんな行動を取ればいいのか、といった遂行方法から考えるアプローチを取り入れるようになりました。

先ほど述べたように、訪問件数を増やす、ミーティングを毎週する、業務改善の提案を毎月実施するなどの具体的な実行方法を考えたのです。

しかし、今度はそれらの方法は理想論であって、やっぱり手をつけられないとか、やってはみたけれどすぐに挫折する……と、結局、達成できない人が大半でした。

そして、最終的に行き着いたのが、**「ほんの目先の簡単なこと」に取り組むという方法**です。

◆目標達成への道のり

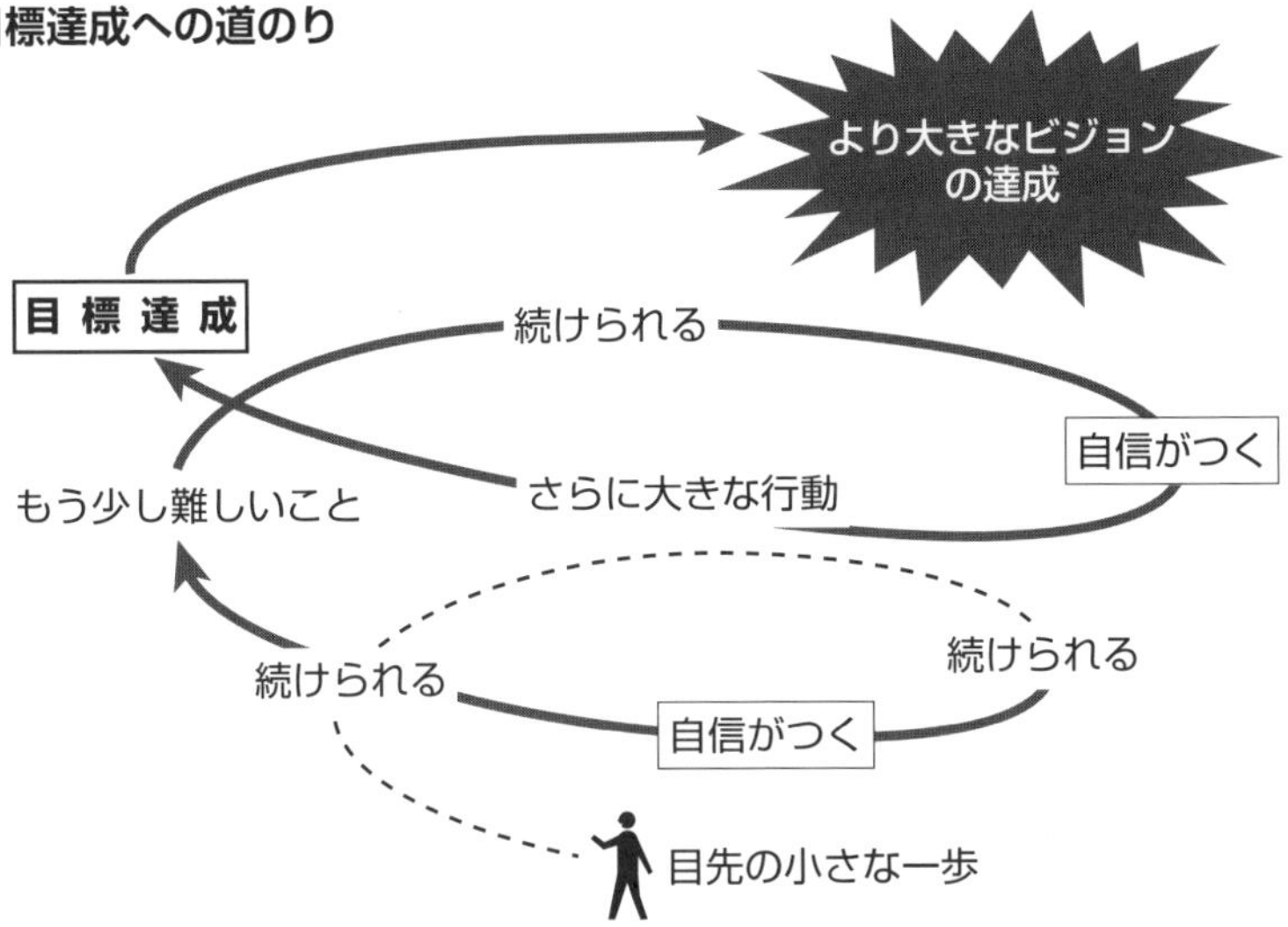


目先のことに取り組み続けることで、それが少しずつ自信となり、そのうちに理想論であった実行方法に取り組めるようになり、いつの間にか当初の目標を達成していた、という逆のアプローチが、実は目標達成の近道だと気づいたのです。

そして、この一連のプロセスを1枚のシートにまとめたのが、先ほど述べた「魔法の達成シート」です。

この達成シートに従っていけば、誰にでも無理なく目標達成ができるようになっています。

ある程度の時間はかかりますが、目標を達成することで、結果として仕事が面白くなります。仕事が面白くなり、ますます成果を上げることで、会社での評価が上がります。

評価が上がると、会社をもっと知り、よくしていきたいという気持ちが起こります。会社をよくしていきたいと考えることで、先に述べた、「目標」に対する本来の目的意識が芽生えてきます。

この好循環（プラススパイラル）が生まれれば、あとは自然に目標を達成していくようになるのです。

なお、「目標」というのは、成果を「はかる」ためのモノサシを何にするかということにすぎません。

ですから、ビジネス関連ではなく、「人格を向上させる」「ダイエットをする」「家を買う」「結婚する」「大学に合格する」というものも十分に目標のテーマになります。

あらゆる目標について成果を上げられる、この達成シートを使った目標達成方法について、次章以降で具体的な考え方とアプローチを紹介していきます。

佐藤　耕一

あらゆる目標を達成するすごいシート◆もくじ

# 第2章

# 「目先のこと」だけを追えばすべてうまくいく

第3章

# みるみる目標が達成できる！「魔法の達成シート」の使い方

## 第4章　周りを巻き込んで達成する！ 達成シート4つの応用法

## 第5章 部下の目標達成をサポート！上司のための達成シートの使い方

装丁／井上新八
本文ＤＴＰ／一企画
企画協力／樺木　宏（プレスコンサルティング）

# 第 1 章

# その目標、達成できなくて当然です

*Amazing Sheet To Achieve Your Goals*

## 目標に向けて行動を変えられる人は、100人に3人

「目標」とは何でしょうか。

いわゆる、具体的な目標だけではなく、こうなったらいいなあ、というような「夢」なども含めると、みなさんが思っている以上に目標というのは日常の中にあります。

数年後に実現させたい夢などもあるでしょうし、1か月先までにやらなければいけないこともあるでしょう。

会社勤めをしているのであれば、目標管理の仕組みや何らかの課題が勤め先の会社にあるでしょう。

では、その目標は常に達成していますか？

しっかり達成していることは、それほど多くないのではありませんか。

目標というのは、今現在、その状態になっていない状況から始めるので、達成するためには何かしらの「行動」をしなければなりません。

「チャレンジ」と呼ばれるような、新しく、しかも高い目標だと、行動そのものを今までと比べてかなり変えなければなりません。

このように、「目標を設定して、行動を変えて、達成する」という、どちらかというと当たり前の方法は、極端に言うと一部の天才型か、もともとそういう資質がある天才型予備軍のような人、あるいは目的意識のレベルが高い人が集まっている一部の企業でなければ、できないであろうと私は考えています。

さまざまな組織で目標達成のコンサルティングをしてきた実感として、**一般のビジネスパーソンの中で、きちんと目標を設定して行動を変えられるような人は、100人に3人いるかいないか**です。

そのような人は、今は年齢や経験などの関係でたまたま一般社員なだけで、将来は経営幹部になっていくでしょうし、結局は天才型なのだと思います。

もし、あなたが天才型ではないのであれば、そもそも目標を設定して、それに向かっていこうという通常の目標達成のやり方自体が合っていないのです。

ですから、目標をなかなかクリアできないのは当然なのです。

## 目的意識を持つこと自体が難しい

それこそ2000年以上も前から中国の古典などでも、仕事の目的意識を持ちなさい、仕事に使命感を持ちなさい、と言われ続けてきています。

そして私も当初はそのようなスタイルの指導をしてきました。現在でも経営幹部や管理職クラスに対する研修では、こうした支援を行っています。

しかし、一般社員クラスの多くの方々については、この方法では通用しにくいことがわかってきたのです。

例えば、営業マン向けに販売業務の研修をするとします。

このようなとき、最初に「営業マンとしては、お客様のためにが第一、それが地域社会の貢献になり……、ひいては日本の経済発展に……、さらには人類の進歩発展のために……」というような大きな目的や目指すべきビジョンについて、話をすることになります。

こうした目的が大事であることは、みんな頭ではある程度理解しています。

しかし、「仕事をしている現実の時間」を振り返ってみるとどうでしょうか。

現実には、「とにかく売らなければ。売らないと上司に怒られる。給料を稼がなければやっていけない……」というような「目先の手段」のために仕事をしていることが多いと思います。

製造関連企業の社員であれば、「とにかく手を動かさないと。ミスをしないように。確実につくって次の工程に早く回さなければ……」、サービス業の社員であれば、「お客様を不快にさせないように。きちんとマニュアル通りに……」などと考えながら仕事をしているのが現実でしょう。

目の前の業務に集中し、お客様や周囲のことをそれほど考えていない状態が多いこともあるのではないでしょうか。

私がまだ駆け出しコンサルタントの頃、ある商社の若い方との目標設定面談で、次のようなやり取りをして衝撃的だったことを覚えています。

「何のために営業しているのですか」
「お金のためです」
「お金とは？」
「給料です」

こうしたやりとりは、若い方に比較的よくあります。

現在は、このような方にも、あの手この手を使って目的意識を持ってもらうようにもっていくことはできるのですが、当時は私自身があまりにも未熟だったこともあり、次のようなループに陥ってしまいました。

「給料をいただくのは結果であって、何かをしたから給料をいただいたんですよね」
「商品を売ったからです」
「商品を売るのはなぜですか」
「仕事だからです」
「仕事は何のためにしているのですか」
「お金のためです」

……以下、同じような会話が続きました。

結局、このときはこのループから抜け出せず、最後には、「商品を売るのは自社のためということも考えられるでしょうし、そもそもお客様のためではないですか。目先のこととか自分のこととかではなく、もっと大きな視点を持たなければ」という私の考えを押しつけた自己満足の指導になってしまいました。

若手営業マンの方は、「ああ、それはそうですね」とは言っていましたが、「そうは言っても、商品を売らないと給料は増えないでしょう」と思っていることが、表情からありありと伺えました。

その後、設定された受注目標に到達するために、「ではどうやって売るか？」という方法を考えるプロセスに入りましたが、お互いに消化不良状態でした。

こうした考え方の人に、研修や上司との面談で「仕事の目的意識を持て」「仕事に使命感を持て」と言っても、まったく通じません。

## 達成できない人は3分でわかる

ところで、目標に向かって取り組んでいきそうな人か、達成しそうかどうか、ということは、少し話しただけで、極端に言うと3分ほど目標や達成の方法について話してもらっただけで、ある程度わかります。

明らかに達成しない人もすぐにわかります。

もちろん例外もありますが、目標を達成できない人は面談の中での発言に、次のような特徴があります。

**・直接的な否定が多い**

例：〜できません。〜ないです。

**・間接的な否定が多い**

例：〜は難しいです。〜は厳しいです。

**・周囲の環境を言い訳にあげる**

例：〜の地域の市場はA社が強くて〜。為替の影響で〜。

**・言い切りや断定をしない表現が多い**

例：〜と思います。〜するつもりです。〜の努力をしようと考えています。

**・根拠のないお気楽な言葉を言う**

例：できます、やります、頑張ります、だけの繰り返し。

◆達成できない人の言葉

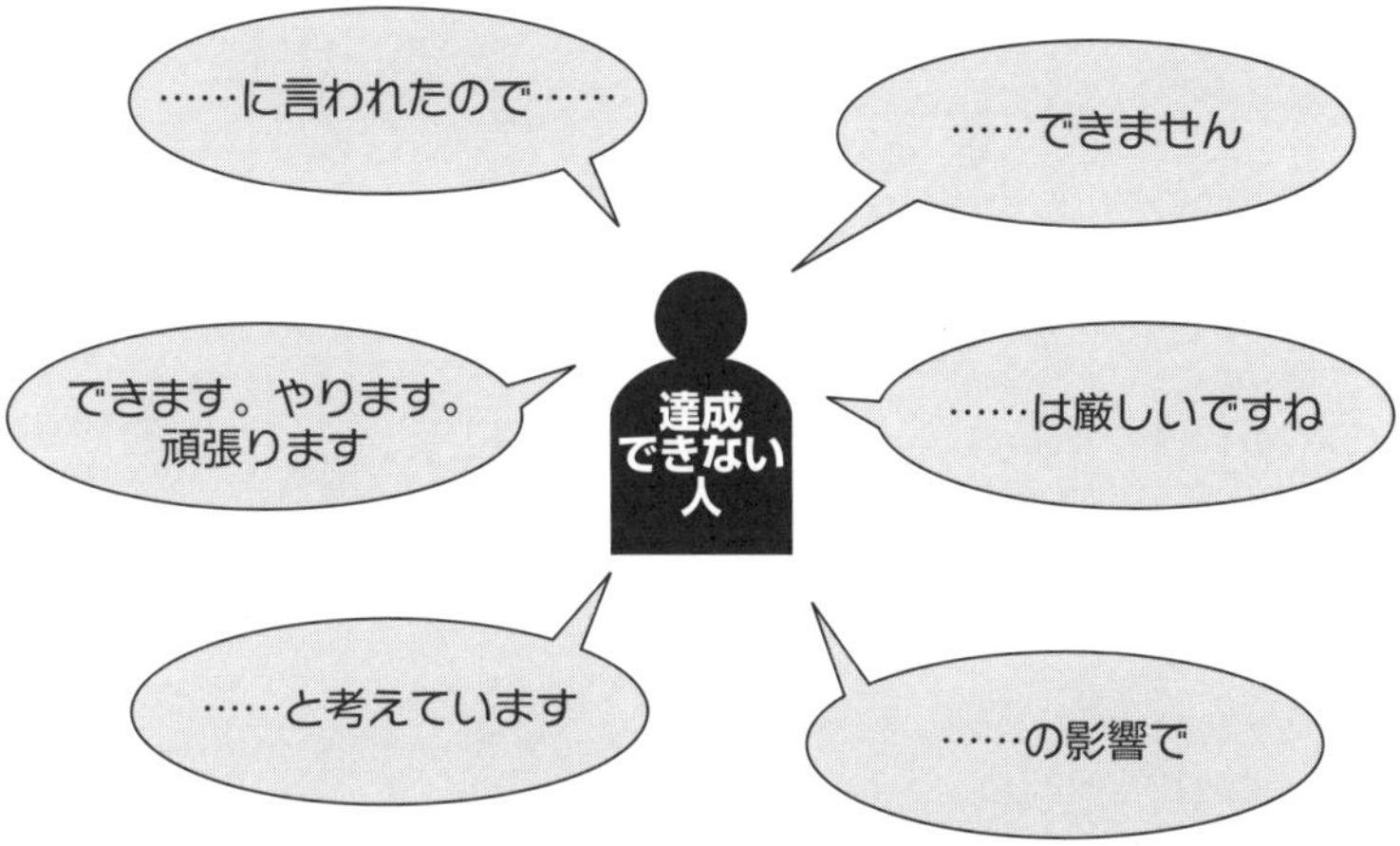


**・他人ごとで自分の目標として捉えていない**

例：～に与えられた～。上から振ってきた～。上から言われた～。

## 目標を設定しても達成できないのが当たり前

あなたは、これらの発言のどれかを意識しないまま、つい使っていませんか。

こうした発言をよく見てみると、これらの言葉を使っている人は、最初から目標を達成するつもりがないことがわかります。

どうせ無理です、やろうとは思うけど多分やりません、あまり自分には関係ありません、と宣言しているようなものです。

ただし、このような発言が悪いということではありません。むしろ普通の人にとってはこれが当たり前なのです。

誰しも「目標を達成したくない」などとは思っていないはずです。

しかし、よほどのことがない限り、人は今の状態を変えたくないと無意識に思っているのです。変化を嫌うのが人間の普通の心理です。ラクなのですから当たり前です。

もちろん、このままでは行動を変えませんから、目標の達成は困難となります。

つまり、「目標を設定して達成する」ということは、普通の人にとってどちらかというと苦手で、**「目標を設定しても達成できない」のが普通**なのです。

そんな普通の人でも、やる気が出るときがあります。

例えば企業でいうと、年度や期が変わったとき、つまり新たな目標を設定するときです。

またプライベートでも、お正月などには「今年こそ××をしよう！」と目標を立てたりしますし、何かのきっかけでお金を貯めよう、ダイエットをしよう、筋トレをしよう、ウォーキングをしよう、資格取得の勉強をしよう、などと思い立つこともあります。

しかし、たいていの場合、仕事では強い目的意識や使命感があまりなかったり、プライベートでは思いつきの目標だったりすることが多いので、最初の勢いはすぐに落ちることが多いようです。

昔から「三日坊主」という言葉がありますし、欧米でも「熱し易きは冷め易し」というような表現がありますから、人は「よし、頑張ろう！」と思っても長続きしないのが普通なのでしょう。

## 天才の真似をしても大失敗するのは当たり前

31ページの図は、何かを行うときのモチベーション（達成意欲）が、時間とともにどう変わるかを示した図です（イメージ）。

上のラインのように、ずっと高い目的意識を維持できるのは使命感強烈型（天才型）で、一部の人しかこのような動きはしません。

例えば、プロスポーツ選手でトップに位置している人たちがわかりやすいのですが、野球のイチロー選手、サッカーの本田圭佑選手、ゴルフの石川遼選手などは、小学校の卒業文集などでそれぞれトッププロや日本一、あるいは世界一になるという表現をしており、すでに子供の頃から強い目的意識や大きな目標を持っていたことがわかります。

それに向かってひたすら努力できるのは、ある意味、努力の天才だと解釈できます。

一方、下のラインは、一般的な普通の人がたどるラインです。最初のうちこそ意欲は高まりますが、すぐに落ちてしまい、そのまま上がらずに終わります。目標はもちろん達成できません。

数多くの自己啓発的な方法が書かれた書籍がありますが、多くは先の有名スポーツ選手ほどではないにしても、ある程度高い意識レベルでないと難しいやり方だと思います。

そうした本は、著者の実体験を書いたもので、「ダメな自分だったけれども、こうやってうまくいった」というものがほとんどです。

しかしそれらは、私からすれば「使命感強烈型そのもので、その著者の置かれた時代や会社、周囲の人などの環境を含めて、そのときのあなただからできたのではないでしょうか」としか思えない内容のものが多いのです。

こうした本の著者プロフィールを見ると、苦労や努力は相当しているけれども、そりゃまあ、あなたならできるよね、と誰もが思うような優秀な学歴や職歴が並んでいることが大半です。

**◆天才型の人の達成意欲と普通の人の達成意欲**

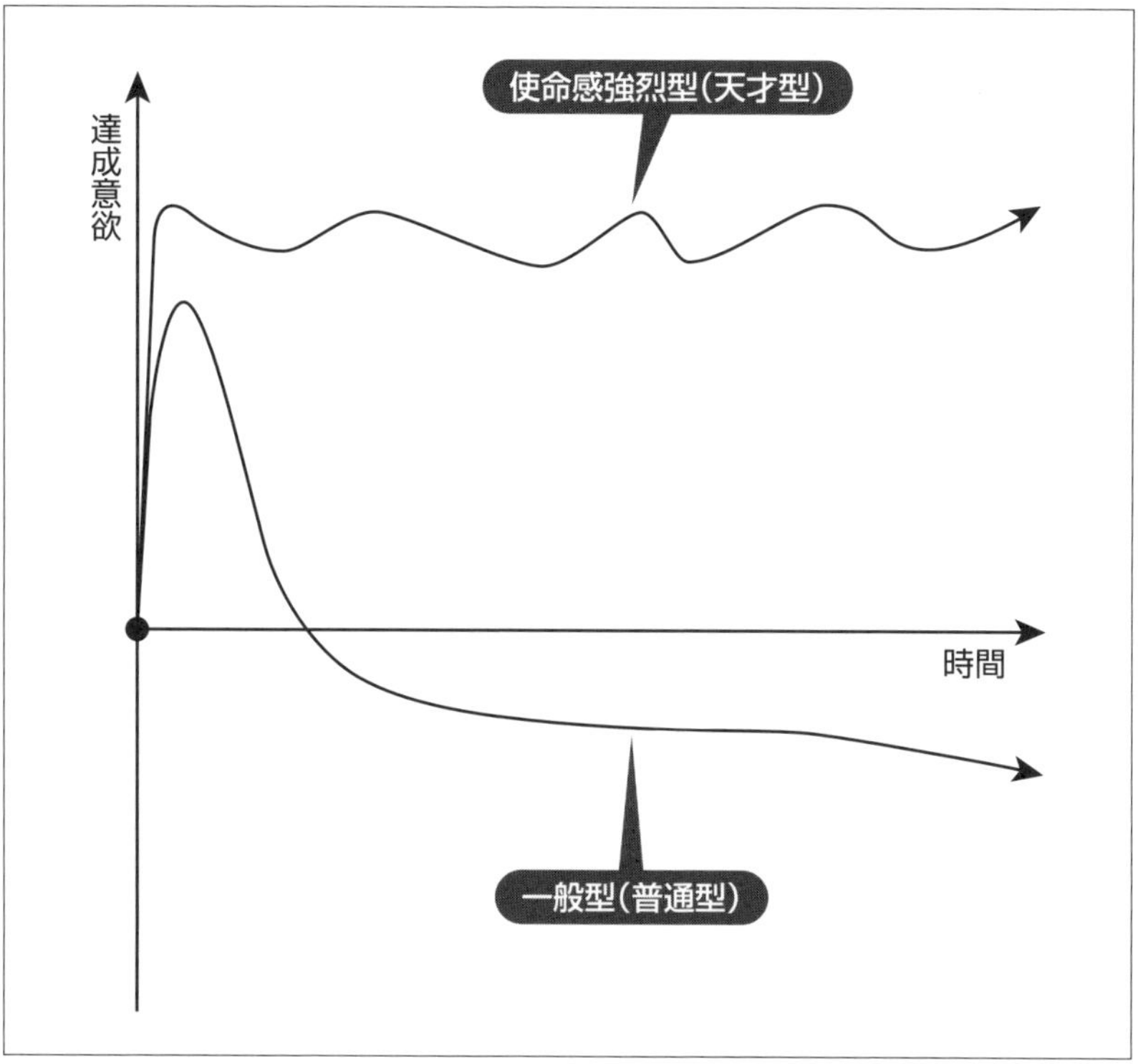

こうした天才型の人の真似をするのは、普通の人にとっては難しいものです。真似できるのは、それこそ100人に3人くらいの、もともと資質を持っていた人です。

多くの人は、「その考え方や方法がよいのはわかっている」けれども、意識はなかなか変えられないので、結局は図の下のラインのような曲線を描いてしまい、何をやってもうまくいかない、長続きしない……と挫折していく。つまり目標を達成できない、ということになるのです。

## 挫折してしまう人の「4つのタイプ」

なかなか目標に届かず挫折してしまう人は、結果だけを見ると同じように見えても4つの違うタイプに分かれます。

多くの場合、性格により異なるタイプに分かれますが、そうではなく、目標の内容によりタイプが分かれることもあります。ただし、どのタイプであってもいつも同じような失敗を繰り返してしまいます。

挫折してしまう4つのタイプは、次の通りです。

**A：勢いタイプ**
**B：壮大タイプ**
**C：余裕なしタイプ**
**D：遭難タイプ**

自分がどのタイプかによって、その後のアプローチは多少異なります。ここではどのようなタイプがあるのかを簡単に説明します。あなたに当てはまるタイプがあるかどうか見てください。そして、タイプ別の対処方法は次章で紹介します。

## A：勢いタイプ

最初の勢いはありますが、計画性がなく、行き当たりばったりで帳尻合わせもできなくなり、途中でダメになるタイプです。最初の勢いが続かないため、「まあ、やってないからしょうがないか」と比較的明るく、反省をしないために失敗を繰り返します。

## B：壮大タイプ

目標が大きすぎて「やっぱり無理だった」と途中で完全にあきらめてしまうタイプです。使命感強烈型（天才型）のやり方を無理に真似して一番大きく失敗するパターンです。「今度こそは」と毎回思いますが、そんなに簡単に行動を変えることはできず、「今度こそは」を永遠に繰り返し、言い訳が多く口先だけと思われやすいタイプです。

### C：余裕なしタイプ

非常に細かい計画を立てますが、余裕がなくて無理が生じるタイプです。

目標に取り組もうと思っても、通常の仕事もありますし、やらなければならないことがたくさんあって、計画通りに行かないことが普通です。そうなると力が発揮できなかったり、計画から少しの狂いが生じただけで嫌になってしまい、その段階で完全にストップしてしまいます。

### D：遭難タイプ

プライベートな目標ではあまり発生しませんが、ビジネスの現場では意外と多いのが、この遭難タイプです。会社の制度としてやらなければならないので目標は一応立てますが、何をしてよいかわからず、結局何もしないタイプです。

自分が何をしたいのか、どこにいるのか、よくわかっていないため、とりあえず上から言われた目標をそのまま目標にしてしまっています。「一応取り組もうかな」とは思い、ある意味真面目に仕事はします。ただ、自分というものがあまりないため、それだけです。

### ◆挫折する人の４つのタイプ

**A　勢いタイプ**

最初の勢いはあるが計画性がなく、行き当たりばったりで帳尻合わせもできなくなり、途中でダメになるタイプ

**B　壮大タイプ**

目標が大きすぎて「やっぱり無理だった」と途中であきらめてしまうタイプ

**C　余裕なしタイプ**

非常に細かい計画を立てるが、余裕がなくて無理が生じるタイプ。

**D　遭難タイプ**

目標は一応立てるものの、何をしてよいかわからず、結局何もしないタイプ

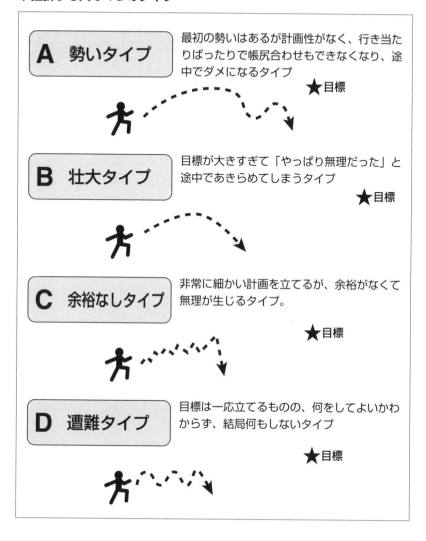

先導役である上司がしっかりしていればよいですが、そうでない場合は、何も残らないタイプです。

さて、あなたはどのタイプでしょうか。

ひょっとしたら少しずつ全部当てはまったり、2つのタイプに当てはまっていたり、目標によって挫折のタイプが違う、などということがあるかもしれません。

いずれにしても自分や目標がどのタイプなのかを知ることが、目標達成へとつながっていきます。

## 1万4000人を見てわかった普通の人の「挫折曲線」

すでに述べたように、最初のやる気は必ず落ちます。これを「当たり前」とするのが重要なのです。

24ページで述べたような、内容がループする面談を何度か経験すると、目的意識や使命感を持ってきて、そこから目標を設定していくのは難しいことがわかりました。

そして、そのあとで取り組んだのが、まずは目標を達成するためにどのような行動をしたらよいか、具体的な実行方法を考えていくアプローチでした。

しかし今度は、その実行方法そのものが、とてもできない理想論であって、なかなか手をつけられない、手をつけても継続できずにすぐ挫折する……と、結局は目標を達成できない状況に陥りました。

そこで最後に行き着いたのが、先ほどのような目標達成のための理想的な行動ではなく、その行動のレベルを思い切って落とした、「ほんの目先のこと」に取り組んでいくことでした。

本当にちょっとした目先のこと、「こんなことでいいの？」というくらい目先のことを達成し、それを継続するのです。

その達成感がいつか自信となり、理想論であった目標達成のための行動に取り組むようになり、いつの間にか達成していた、というアプローチが、実は挫折するのが普通である人の目標達成への近道だったのです。

例えば、一般的な企業の目標管理のシートは、次のようなパターンになっています。

●例① 上位組織方針・目標 ↓ 個人目標 ↓ 具体的な行動
●例② 能力開発テーマ ↓ 個人目標↓ 具体的な行動

●例③　目的や使命　↓　個人目標　↓　具体的な行動

これは、目標から、具体的な行動まで、すべてが理想論でできています。

そこで、一番下の具体的な行動をもっともっと目先のことに落としていき、まずはそちらを優先させようということです。そうすると、

目先のこと（行動）を継続　↓　具体的な行動　↓　個人目標達成　↓　目的や使命を実感

というように、通常の目標達成の流れを逆にたどっていくことになります。これが普通の人が目標を達成するのに最も適したやり方なのです。

この一連のアプローチを考え、**普通の人が目標を達成するまでの気持ちの推移を描いた曲線を「挫折曲線」と名づけました**（41ページ図）。

この挫折曲線は、まず挫折するのが当然である、という前提で、どのようにするとうまくいくのかという考え方に立ったものです。

この曲線は、やる気という気持ちの変化に応じて、大きく4つの期間に分かれます。

◆「一般的」な目標管理と「目先のことから」の目標管理

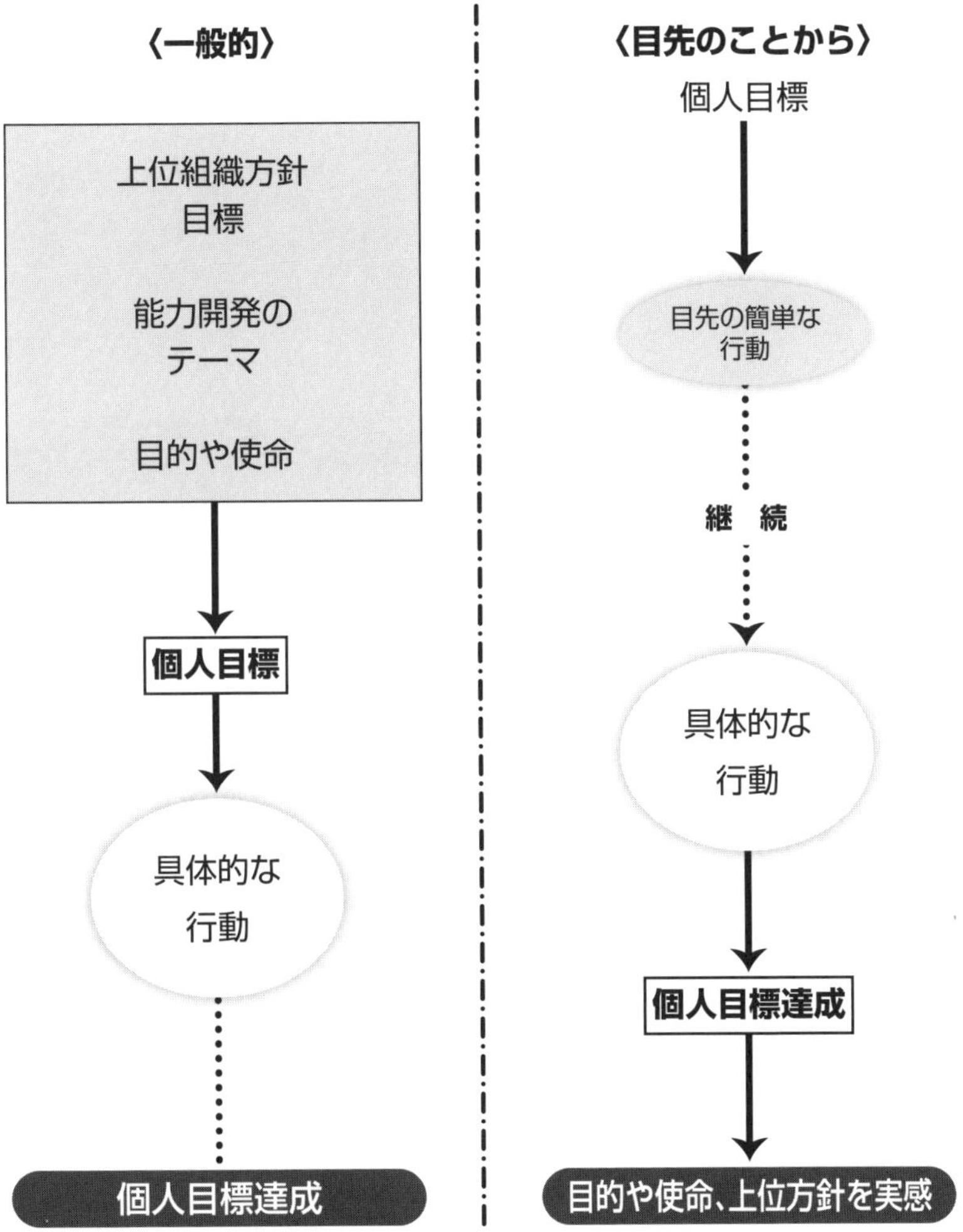

## 第1期：高揚期

「さあ、目標に取り組むぞ」「よし、やろう！」「今年こそは……」と目標を設定して気分も新たになっているときです。**モチベーションも高く、達成意欲に満ち溢れています。**たとえ上司から言われた目標で、多少嫌々だとしても、「やってみようかな」と思っている時期です。しかし、**この期間はもって2週間、通常は1週間くらい**でしょう。短く感じるかもしれませんが、その程度のものです。

## 第2期：挫折期

普通の人には必ず起きる挫折の時期です。

2週間くらいたつと日常の業務に追われ、**すでにやる気のピークを過ぎており、人によっては目標が意識できていない、というよりは忘れていることさえある時期**です。3週間もすればもう立派に挫折していることでしょう。

例えば、仕事の場合ですと、新たな期が始まっていることが多いため、期初の業務や月初の業務なども重なってきますし、とにかく日常の業務に追われた結果、目標そのものを意識していない人も出てきます。頭の片隅に目標の意識はあるでしょうし、企業ですとミーティングなどで確認したりしますが、すでに行動が停滞していて、上司などに確認されること自体がイヤな状態に陥っています。

◆普通の人の「挫折曲線」

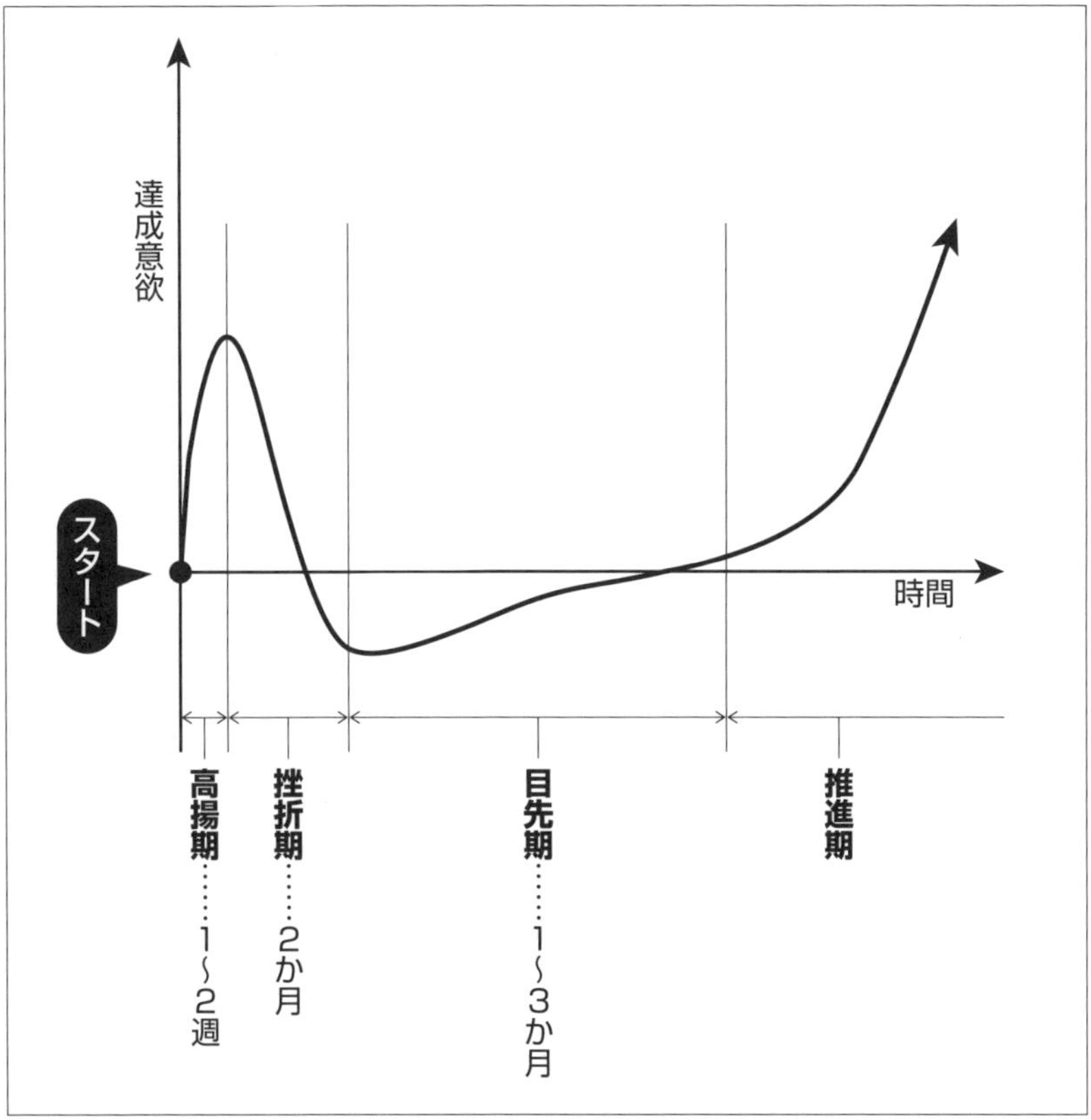

そうこうしているうちにすぐ1か月ほどたってしまいます。そうなると、今月は忙しかったしなあ、などと言い訳がたくさん出てくる状態になります。

今月はしょうがないから、来月から頑張ろう、と思ったりしますが、たいていの場合、それだけでとくに何かが変わることもなく、日常が流れていきます。結局、**1〜2か月程度で「ああ、やっぱりダメそうだな」と思うようになり、挫折をしていきます。**

ここで終わるとまったく意味がないので、どのようにして復活するかがポイントになります。

### 第3期：目先期

「ああ、やっぱりダメそうだな、でもそれでいいかな」と思う期間です。というよりも、そういうものなんだ、と受け入れなければいけない時期です。この期間は、人や目標の内容によりさまざまで、2か月の人もいれば半年以上かかる人もいます。

「日常業務もあるし、いきなり変わることは難しい、でもそれが普通なんだ。いったん目標のことは少々脇に置いておいて、まずは目の前のちょっとしたこと、ほんの目先のこと、意志の弱い自分でもこれくらいならできそうかな」

と、新しい取組みを考えて実行していきます。

その目先のことができなければ、それでも構いません。そのさらに目先の目先の目先くらいでもよいので、継続してできることを見つけるようにします。

ここが、目標達成のための最大のポイント部分です。

とにかく**可能な限り「毎日実行できるちょっとしたこと」を見つけるのがコツ**です。仕事であれば、目標や業務にある程度関連することが望ましいですが、それが難しい場合は、思い切ってまったく違うことでもかまいません。

目先の取組みの内容や継続の状態にもよりますが、**何かをし続けていれば、早い人では1か月、遅くとも2か月もすると何らかの変化とその成果が出てきます。**

ほんの小さな小さな変化かもしれませんが、確実に何かが成果として現れてきます。そうなれば、ここから徐々に加速していくだけです。

まずは自分をほめてみましょう。この自分をほめる、ということが重要なのです。

## 第4期：推進期

変化を感じることができたら自信がついてきているはずです。小さくても成果が出るとうれしいものです。

このままの状態でも時間をかければそのうち行動のレベルが上がったり、成果がぐっと出てくるのですが、ビジネスではそんなに待っていられません。目標達成までの期間が1

年とか半年で区切られていますので、ある程度は強制的に加速させていかないといけないのです。

ここで出てくるのがもう1つの大きなポイントです。

それは、**今やっていることで「やめてもよいこと」をリストアップして実際にやめる**ことです。実はここは少し難しい部分でもあります。ですから、理想的な設定で、今の自分にとってあまりにもきつい設定をしてしまうと再び挫折してしまう可能性もあります。

そこで、いくつかリストアップした中で、1つでも2つでもいいからやめるようにします。とにかくやめることが大事で、やめられないものがあってもいいや、と気楽に考える必要があります。

リストアップしてもやめられなかったものは、目標達成を繰り返していく中で、次の別の機会にやめればいいのです。

ここまで来ると、自分に自信がついていますし、気分もよくなっているはずです。この時点で目標数字や目標テーマを改めて意識することで、目標達成に向けての行動が加速していきます。最後まで目標を意識しなかったとしても、終わってみれば目標に到達していた、という人も数多く見てきました。

ここまできてはじめて、「この仕事は何のためにやっているのか」などの目的意識や、「仕事の喜びとはこういうものなのか」、あるいは「これが社会や組織に貢献するということか」といった使命感を感じることができます。

もちろん、1回だけの目標達成ではなかなか感じられないかもしれませんが、何度か目標達成を繰り返していくうちに、そういうことに気づくときがいつか来るでしょう。

# 第2章

# 「目先のこと」だけを追えばすべてうまくいく

*Amazing Sheet To Achieve Your Goals*

## 「目標を決めて頑張る」は順序が逆だった

第1章で見てきたように、目標を決めて達成に向けて頑張っていけるのは、一部の使命感が強烈な天才型の人です。普通の人がそのようなアプローチをすると、精神的にも肉体的にもきついだけです。

そもそもこのような天才型の人は、自分が頑張っているとは思っておらず、他人が見たらきつそうなことを、ある意味楽しんでいることが多いようです。

普通の人はそうではなく、むしろ何かしらを頑張り続けた結果、それなりの成果が出た、というパターンのほうが多いのです。結果は同じに思えるかもしれませんが、実はまったく逆なのです。

例えば、大学の受験を考えてみてください。

何らかの強烈な使命感があって、ある職業に就くためには特定の学部でないとダメだったり、絶対にこの大学に行かなければならない、というような人は、具体的な大学や学部の目標が決まっているので、もちろんそこに向けて頑張ります。目標への動機が非常に強いため、目標に向けて行動することが苦にならないのです。

◆天才型と普通型の違い

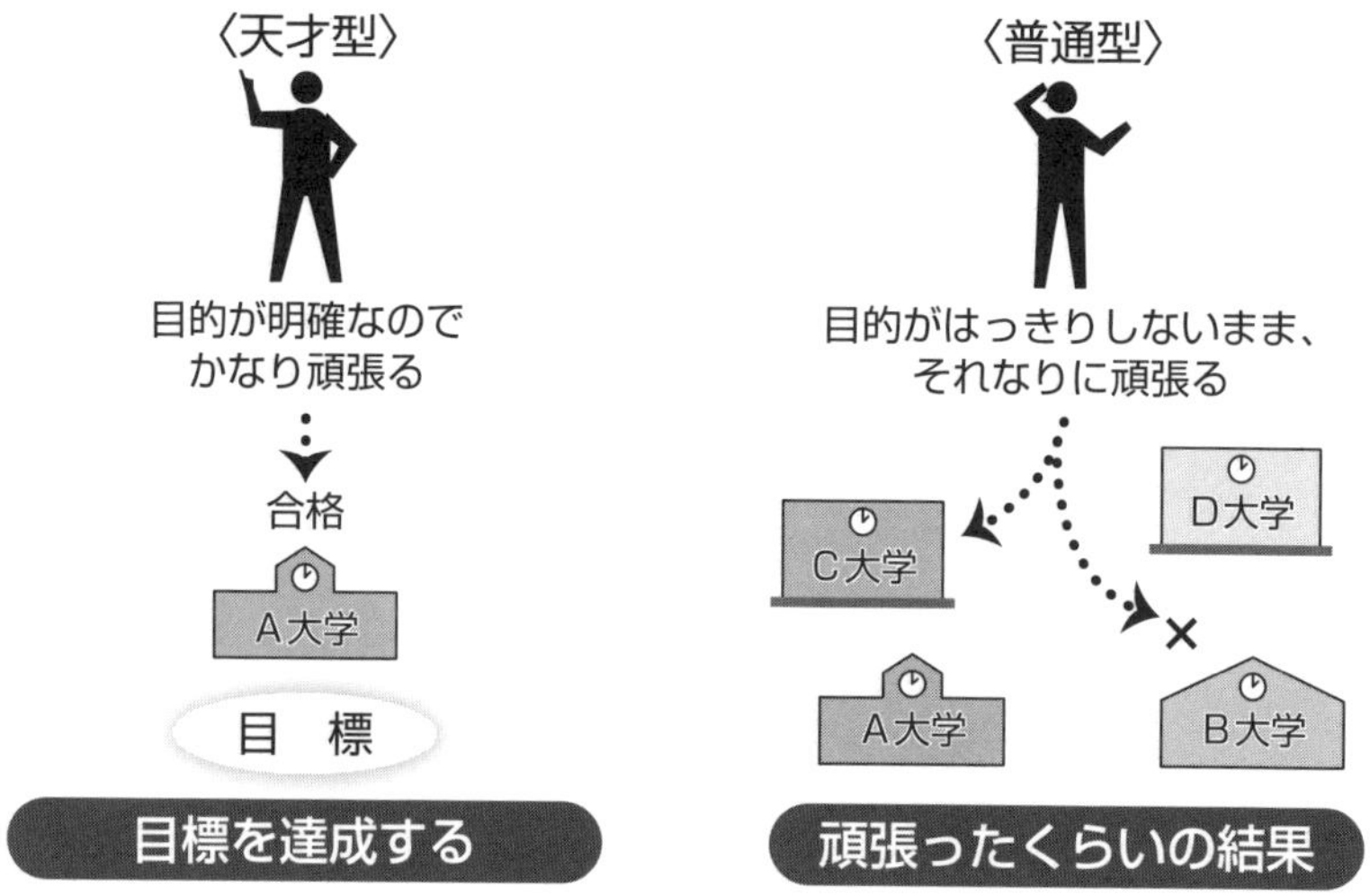


しかし、多くの人は、この大学に行けたらいいなあ、程度の動機しかありません。それなりに勉強した結果、この偏差値だったらこれくらいの大学でこの学部かな、と考えて進路を決めたのではないでしょうか。

そうすると、「それなりの勉強」をどれくらいしたかによって結果が変わってくることになります。

つまり、目標を決めて頑張るよりも、日ごろの勉強をどれくらい頑張ったかが多くの人にとっては、その結果（合格する大学）を左右したことになります。

これを「流されて」そういう結果になったと見るか、それとも「それなりの勉強」をしたから結果が出たと見るかで、とらえ方はまったく違います。

「流されて」そういう結果になったと見た場合は、やはり目標が定まってないからだ、と思うでしょう。しかし、実際には「それなりの勉強」をしたから結果が出たと見るほうが、現実的です。

したがって今後、目標を達成したいと思うなら、あなたが取るべき行動は、**目標を決めて頑張ることよりも、「それなりの勉強」「それなりの行動」をどうやって日頃の生活の中に入れていくかを考えること**です。

これが、それほど強烈な使命感を持っていない普通の人である私たちにとって、結果的に取り組みやすい方法なのです。

## 目標を立てる前に、まず先に達成しなさい！

では具体的に何をすればよいのか。

それは、「目先のこと」を追っていけばよいのです。

会社などの組織にいると、目先のことにとらわれず目的意識を持てとか、長期的な視点に立て、などと言われることが多いと思います。

でも、頭ではわかるけれども、実際にはピンと来ない方も多いのではないでしょうか。しかも目的意識や長期的視点を考えたとしても、実際に何をしたらいいの？　と思うことも多いでしょう。

ですから、目標を立てることよりも、今実際に何をするかを優先させるのです。

そして、実際に何をするかというと、比較的楽にできて継続もしやすい目先のことを見つけて実行するのです。

例えば、大学の受験勉強を例に考えてみます。

従来の目的と目標から考えたやり方では、

①目的：○○の仕事で国際的に活躍し、日本の社会に役立ちたい

②目標：国際的な教育プログラムが充実していて、○○の仕事にもつながるK大学の××学部に進学する

③達成水準：模擬試験でA判定となる500点以上を取る

④手段：

●得意な数学はテストで90点以上を取るために、難易度の高い大学の過去問を中心に土日に集中して勉強する。

●普通の成績である国語は、過去問を中心に毎日30分勉強する。

●国際的に活躍するのに必須となる英語はあまり得意でなくテストでも40点くらいしか取れないので、これを伸ばすために毎日1時間勉強する。

という順序や内容でしょう。

しかし、こういうやり方では、強烈な目的意識がある場合は別として、なかなか継続できません。高校1年生や2年生だと、大学受験はまだまだ先の話でかなり長く感じ、達成した！　という感触もなかなか味わえず、途中でダラダラし、挫折してしまいます。

そこで、**逆のアプローチとして「達成すること」を先にする**のです。

具体的には「小さな達成」を繰り返すということです。小さな達成を繰り返していくことで、大きな達成である大学合格ができるという順序です。

英語学習を例にとると、「あまり得意でないから、とにかく勉強時間を長くして頑張ろう！」というアプローチではありません。

意味があるかないかはここでは置いておき、例えば**「毎日、単語を5個、熟語を3つ、構文を1文丸暗記し続ける」という目先のことを達成していく**、というように学習法を切り替えるのです。

この目標ではまだハードルが高いのであれば、毎日、単語を3個、熟語を1つ、構文を

1文暗記する、と下げても構いません。

そうすると、自分は勉強をやり続けることができるんだ！　という自信につながります。

もし、結果がテストなどに反映されれば、より頑張れるようになります。

もちろん、テストに結果が出てくることは短期的にはないでしょうが、日々、単語や熟語を覚えた行動の事実と達成感はあるはずです。

こうなると不思議なもので、勉強をし続けることが苦にならなくなってくるのです。

## 目先の具体的な目標をつくる

実はこのように、**日々やり続けることを設定するのは、使命感が強烈な天才型の人のアプローチそのもの**なのです。

ただ、天才型の場合は目的意識が高く、目指しているところも高いため、普通の人から見ると量も多く高度なことを日々達成する目標として設定しているだけなのです。

例えば、先に挙げた野球のイチロー選手などはその最たる例です。

イチロー選手は年間の目標などはあまり意識していないとのことです。多くの記録を持つイチロー選手ですが、中でも安打（ヒット）数はずば抜けています。

この安打は、1シーズンで200本以上とか最多安打記録といったことを目指しているのではなく、1本1本の積み重ねを意識しているようです。

具体的な中程度の目標としては月間に30本打つこと、そのためには確実に1日に1本のヒット、調子がよいときは2本のヒット、これをクリアすることでした。

しかも、驚くべきことに目標は高く持ったらダメという考え方で、目標が高すぎると手が届かなかったり、あきらめたりしてしまうので目標としておかしい、達成できないような目標は追い込まれるばかりで楽しくないと語っています。

その1本1本、あるいは2本のヒットを積み重ねるための日頃の練習量と継続の時間が普通の人とレベルが違うために偉大な記録を生み出せたわけですが、このやり方そのものを真似しない手はありません。

実際に私も、多くの方との目標面談をする中で、常に目標達成をし続けている人とそうでない人を比較すると、**目標を達成する人は、目指すべきものや、こういう方向というような漠然としたイメージを目標としていても、日頃やるべきことや細かなスケジュールをかなり具体的に記載し、実行している**ことが多いのです。

目標を達成しない人は、まったく逆です。目指す目標は具体的な数値であったりするのですが、日頃何をするのかが漠然としていて、行動計画が曖昧なのです。

**目標達成するための実践方法の具体性に、大きな差がある**のです。

## 達成できない人は「高い目標」だけがある

先に挙げた大学の受験勉強の例で言うと、目標達成しない人は、K大学に合格するという目標を持っていたとしても、その具体的な方法を考えていないことが多いのです。

典型的な例ですと、

「志望校はK大学と書いているけれど、どうすれば受かりますか？」

「模試で500点以上あればA判定なので、それを目標にします」

「それを目標としたら、今は400点くらいですが、どうやって点を上げますか？」

「不得意な英語の点を上げることが最優先です」

「英語の点を上げるためにはどうしますか？」

「今まで以上に勉強します」

「今まで以上とは具体的にどれくらいですか？」

「今は英語は30分くらいなので2時間勉強します」

「では仮に2時間に増やせたとして、その中で具体的に何をしますか？」

「え？　いや、それは……」

というような状態です。


具体的な勉強を答えられたとしても、現在の状態からすると到底できそうにない「理想的な高い内容」だったりします。

時間を増やすことは、ある意味一番よいやり方なのですが、ただ増やそうとしてもなかなかできるものではありません。


ビジネスの現場でも同じようなものです。

例えば、営業マンは受注や売上、粗利などの数値目標を持っていることが大半ですが、

「受注目標は1億円となっていますが、どうやって達成しますか？」

「既存顧客だけでは難しいので新規顧客を増やします」

「どうやって新規顧客を増やしますか？」

「アプローチ先を増やします」

「どうやってアプローチを増やしますか？」

「え？　いや、それは……」

と、具体的に何をするかまでは落とし込めていません。

企画職のような数値化しにくいところでも、

「○○プロジェクトで新しい製品を1つ出すのが目標ですが、いつ出す予定ですか？」

「4月です」

「では、4月に発売するとして、それまでにどのようなスケジュールを組んでいますか？」

「月に2回のミーティングで進めていきます」

「今までもそのようにしてきたと思いますが、いつもずれ込んでいますよね」

「今年はきちんと進めます」

「何をどのようにして進めていくのですか？　過去の分析はできていますか？」

「え？　いや、それは……」

と、どうしたら目標に近づいていくのかが明確になっていません。

## 達成する人の「目先のことだけ」アプローチ法

では、目標を自然に達成する人はどうかというと、先に書いたように、英語の勉強では、毎日単語を5個、熟語を3つ、構文の丸暗記を1文するというように、小さな目先でやることを決めているのです。

たいていの場合、目標数値（大学入試の場合は具体的志望校や模試の合計点など）は決めていなくても、目標のテーマは決まっているはずです。「大学に合格したい」というような漠然としたものでいいのです。

そして、**成果を残す人は、「具体的に日頃何をするかの、小さな小さな目先の目標に取り組む」**のです。

営業マンで言うと、

「既存顧客を回るのは2か月に1回くらいだったけれど、1か月に2回に増やします。信頼関係を強化して記憶にとどめてもらい、新規のお客様を紹介してもらいます」

といったことでよいのです。

企画職では、

「4月に発売するには、2月に量産できる体制を整える必要があります。そうすると1月には□□をして、10月には商品会議で決裁をもらい……。でも、いつも10月の時点で曖昧なことが多くてここがネックになるので、少なくとも8月には会議に出せる状態にしなければならない。そうするとまずは5月、6月のミーティング回数を毎週に増やして何とか7月には形に……」

というように、ミーティングの回数を増やすということが、目先のアプローチになります。

大きな目標にはやはり簡単には届かないので、その目標を細かく区切ったり、目標を達成するためのアプローチを細かく設定したりして、その小さく細かく区切ったものを達成し続ける、それが目標を達成し続ける人のサイクルなのです。

## 「やる気が落ちるのが待ち遠しい」くらいの気持ちで

とはいえ、やはりプライベートでは「よし、頑張ろう！」と目標を設定したり、ビジネスでは、会社の方針や評価制度などで大きな目標を設定せざるを得ないこともあります。

そこはある意味割り切って、目標を設定してみることをお勧めします。

つまり、まずは普通の人が陥る「挫折曲線」（41ページ）に乗ってみるのです。

何をどうしたって、やはり目標は設定したいとか、設定せざるを得ないのであれば、やる気が落ちるのは当たり前だ、という気持ちでいることです。

「やる気が落ちるのが早ければ早いほど、早く登り始められるはず」ぐらいの思い切り、もっと言うと、ダメならあきらめてもいいや、というくらいの感覚でよいと思います。

今度こそはと思いつつ毎回繰り返してしまう目標未達成の状況があっても、気分も新たに勢いよく目標設定し、頑張ってみることです。40ページで述べた挫折曲線の「高揚期」と「挫折期」をあえてつくり出してしまうのです。

目標を設定すると、いつものように、わずか数日から数週間でやる気も落ちてしまいます。あるいは、やる気はあっても、仕事では日常業務が忙しかったり、プライベートでは英語の勉強やダイエットを目標にしていても、何かと理由をつけて挫折してしまっていることでしょう。

私たちのような普通の人は、「痛い目を見る」経験をしなければ、成長しませんし、次へ進めません。

つまり、「ダメな自分を再認識した」という経験値を得ることが重要なのです。

やる気が落ちた、忙しくて手をつけられなかった、などにはマイナスイメージがありますが、「天才型のマネはできないんだ。いい経験ができた」と喜ぶべきことにしてしまうのです。

根拠のない楽観的なプラス思考をしようということではなく、これまでに起きたことは1つもマイナスのことはなく、すべて自分の成長のため、つまりプラスに働くんだと、多少こじつけのようなプラス思考をするようにします。

繰り返しますが、できなかった、やらなかった、周りに振り回される、どうしようもない自分、と思うのではなく、「やる気が落ちるのは当然」と思い、その状況を自分自身で確認すればいいのです。まったく問題ないのですから。

こうして「挫折期」から「目先期」「推進期」へと進み、このアプローチで見事に目標を達成していった人たちは、「貴重な挫折とそこからの復帰ができるので、やる気が落ちるのが待ち遠しい、という気持ちになります」と言っているほどです。

## 3週間後、あなたは挫折しにくい体質に変わる

とにかく目先のことをやっていくと、少しずつ自信がついてきます。

ここでは、継続したという実績が一番重要です。「継続は力なり」と昔から言われますが、

誇になるほど難しいことなのだ、と捉えましょう。

それほど難しい「継続する」ことが、ほんの目先のこととはいえ、これまでやっていなかった新たな取り組みを3週間ほど毎日続けられると、それだけで自信がついてきますし、できた！　という達成感が感じられます。

たったこれだけで？　と思うかもしれませんが、強制されていないことを継続する難しさはあなた自身がわかっているはずです。ほんのちょっとしたことでも、継続できた自分をほめるべきなのです。

ここまでくると、挫折しにくい体質に変わっていきます。なぜなら、気合を入れてやるようなものではなく、少しの頑張りで継続できることを選んで実践しているため、挫折しようがないのです。


これをもう少しだけ続けると、何かしらの「変化」が出てきます。小さな小さな変化かもしれませんが、必ず出てきます。

英語の例ですと、「あっ、この単語知ってる！」とか、「たまたまかもしれないけど、映画に出てきた英語を聞き取れた！」とかです。

営業マンの例でも、訪問回数を増やしていくと「そういえばさ、最近……」というようにさまざまな情報が入ってくるようになります。

企画職の例でも、「細かなミーティングを重ねると価値観も合ってくるし、少しずつでも進んでる感じがあるよね」というようになってきたりします。

このような変化を「小さな成果」として捉えていければしめたものです。

目先の取り組みのレベルを少しずつ無理のないように、回数を増やす、時間を増やすなどレベルアップしていくと、徐々に「小さな成果」がもう少しだけ大きな成果になってきます。

ビジネスの現場では、そんな悠長なことを言っていられないかもしれません。しかし、何もやらなければ何もないまま未達成に終わるしかないのです。

少しでも前進したほうがましですし、極端な話、今期はこの小さな成果だけで満足しよう！　と割り切ってよいかもしれません。

上司との関係や人事評価などもからんできますからそう簡単にはいきませんが、挫折しにくい体質に徐々に変えていくことのほうがよっぽど重要です。

こうして小さな成果を積み重ねて、自分はできるんだと実感することが、挫折しにくい体質に変わるために大事なのです。

## 4つのタイプ別・目先の取組み方のポイント

第1章で、挫折曲線は同じような形になるが、その中身は性格などによって異なり、4つのタイプに分かれると述べました（32ページ）。

あなたはどのタイプだったでしょうか。

ほんの目先のことを行っていく場合、先の4つのどのタイプかによって、そのやり方が少し違います。ここでは、タイプ別に目先の行動を設定する際の考え方を紹介しましょう。

### A：勢いタイプ

最初の勢いはありますが、計画性がなく、途中でダメになります。しかも、楽観的であまり反省もしないタイプです。

このタイプの場合、そもそも目先の行動など考えたこともないでしょうから、目先の行動を設定すること自体、新鮮な取り組みなはずです。**まずは、どんなことでもよいので設定し、取り組んでみましょう。**やってみようと考えた時点で、すでに進歩しています。

**B：壮大タイプ**

今の自分と比べて目標が高すぎたり、遠すぎたりして、「やっぱり無理だった」と途中で嫌になるタイプです。

自分がこのタイプの場合、「理想の姿」を思い描いてかなり高度な厳しい行動計画を立てていると思います。そもそもそれができないので嫌になっていくのですから、**「高度な理想」のレベルを落として落として落として落とす、くらいにまで目先の行動を下げたほうが結果的にうまくいきます。**

レベルを落とすキーワードは、

**●範囲を狭くする**

**●絞る**

です。

英語学習の例ですと、単語、熟語、構文と3つを行うのではなく、単語だけに絞るなどです。営業マンの例ですと、県全体ではなく○○市を重点的に回るとか、全商品ではなく□□商品のみに絞るというようにすることです。

「目先のこんなことをしても目標を達成できない」と、一番思いがちなタイプですが、どうせあきらめて進まないなら、レベルを落としても継続させて前進したほうがマシです。

## C：余裕なしタイプ

しっかりとした計画を立てますが、日常に追われて余裕がなくなり、結局手をつけられないという、いわゆる真面目な方に多いタイプです。

このタイプの場合、余裕のなさでどうせ実行できないことはわかっているのですから、**なるべく行動に時間をかけない**ようにします。

時間をかけないためのキーワードは、

**●回数を落とす**

**●短くする**

です。

英語学習の例ですと、毎日単語を5個ではなく3個にする。営業マンの例ですと、毎週2回ではなく1回の訪問にする、などです。

ちょっとした空き時間をつくるのも苦手な方が多いため、無理のない範囲でなるべく時間をかけない行動にしていくことが手っ取り早い取り組み方です。

## D：遭難タイプ

ビジネスの場面でよく見られます。会社の目標管理制度があったり、上司から言われたりして、一応は仕方なく目標を立てますが、主体性がないため何をしてよいかわからず、

### ◆挫折タイプ別「目先のこと」の取り組み方

- **A 勢いタイプ** ── どんなことでもまず設定して行動する
- **B 壮大タイプ** ── 行動のレベルを落としてさらに落とす
- **C 余裕なしタイプ** ── 行動に時間をかけないようにする
- **D 遭難タイプ** ── 他人の真似をすることから入る

結局何もしないタイプです。

このタイプの場合、**他の人に聞いたり調べたりして、ひとまずそのやり方を真似する**ようにします。

ただし、自分に合っているかどうかわからないため、たくさん目先の行動を集めてピンと来るものを設定してみましょう。

その際、レベルが高く量や回数の多い行動だと挫折してしまいますので、レベルを落とす・時間をかけない、ようなものにしてください。

自分に合わなければ、別の行動を選ぶということを繰り返すので、多少時間がかかるかもしれませんが、とにかく情報収集して、「行動を真似してやってみる」を最低でも3週間続けることです。

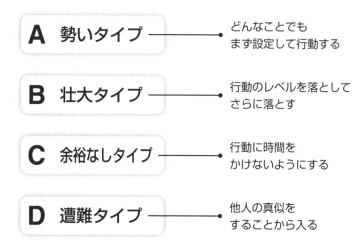

## 目標達成のための手順

ここまで見てきたように、目的意識を持ち、目標を設定して具体的な行動を計画するという一般的に当たり前のやり方は、一部の天才型の人たちでないとなかなかできず、普通の人は簡単には取り組めないことがわかったと思います。

これまで、どれだけの時間や労力を無駄にしてきたことでしょう。

目標は当然達成したいと思っているでしょうから、この章で紹介してきた「目先のことだけ」に取り組むやり方を実行に移してください。

その方法は、41ページに示した普通の人が目標を達成するまでのやる気の動きを示した「挫折曲線」に沿って行動することです。

ただし、何の指針もないと、実行しにくいと思います。

そこで、**挫折曲線に沿った形で目標達成するためのノウハウを1枚のシート「魔法の達成シート」にしました。**このシートの手順に沿って行動するだけで、目標達成の大きな手助けとなるはずです。

次章では、具体的な例をあげながら、この「魔法の達成シート」の書き方や注意点などを順を追って紹介していきます。

# 第3章

# みるみる目標が達成できる！「魔法の達成シート」の使い方

*Amazing Sheet To Achieve Your Goals*

## 目標を達成するための「魔法の達成シート」

これまで見てきたように、普通の人が目標を達成するためのノウハウを1枚のシートにまとめたのが、72、73ページに示した「魔法の達成シート」です。

目標達成までの挫折曲線には、4つの期間がありました。

やる気に満ち溢れている「高揚期」、そのあとに来る「挫折期」、挫折期のあとに取り組む「目先期」、そして最後にやる気が浮上していく「推進期」です。

これらの期間をそのまま4つのステップとして、1枚のシートの中にそれぞれ行動を記入していく欄を設けています。このシートの順に従って書いて、行動するだけで、みるみる目標が達成できます。

このシートは巻末に折り込みでつけてあります。切り取って、A3など自分が記入しやすいサイズに拡大コピーをして使ってください。シートのデータをダウンロードすることもできます。URLは、http://www.njg.co.jp/data/5406mahou.zipです。詳しくは、166ページを参照してください。

先の4つの期間をそのまま4ステップとしていますが、達成シートではこうした期間をとくに意識しなくても目標に取り組めるようにしてあります。

また、時間の経過とともに、順を追って記入できるようにステップの中を少し細かくしています。シートに記入していく大まかな流れは、次のようになります。72、73ページのシート、もしくは巻末につけたシートと合わせながら見てください。

**【ステップ1：高揚期】**

① こうなったらいいなという未来のハッピーな自分や他人（第三者）の姿を記入（絵が得意な方はイラストや図を記入する欄もあります）

② 「ハッピーな姿」を実現するために「やるべきこと」を記入

**【ステップ2：挫折期】**

③ 2～3週間後に右の②の取組みや進み具合を確認し、できなかった「言い訳」を記入

**【ステップ3：目先期】**

④ 三日坊主の自分でもできそうな「目先のこと」を記入

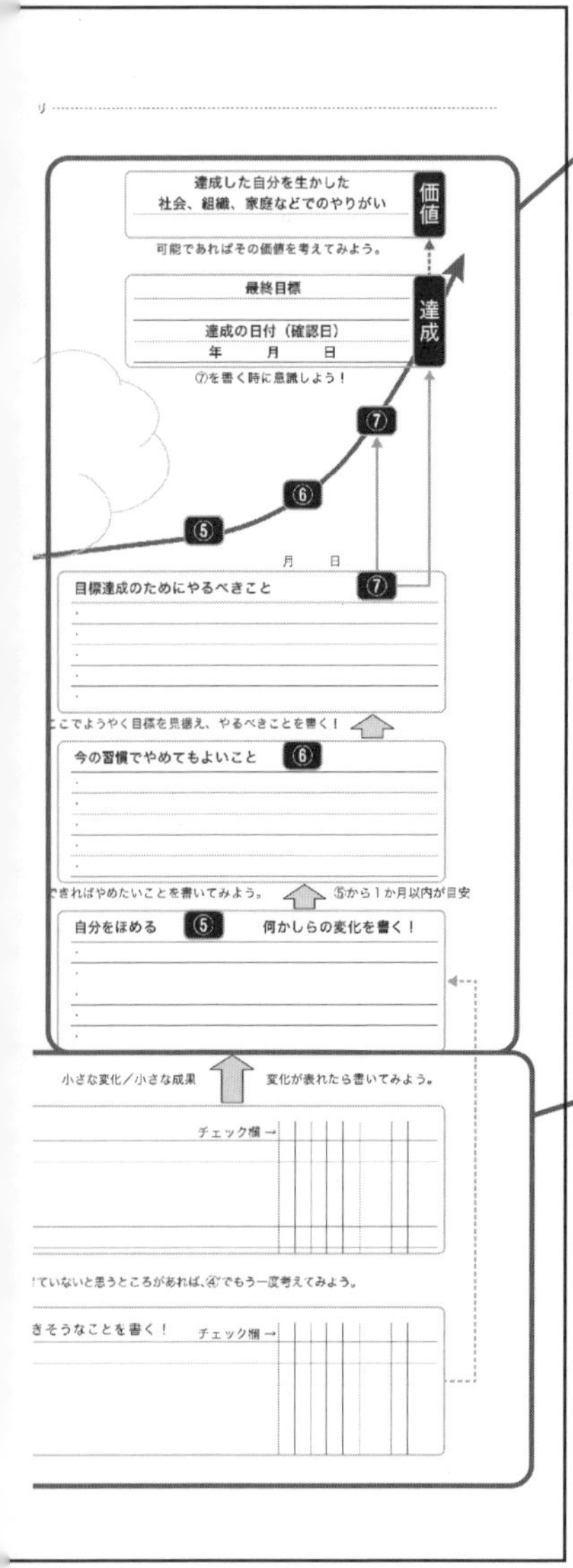


**ステップ4：推進期**

⑤　少しでも変化が出たら何でもよいので自分をほめたり、変化したことを記入

⑥　今の習慣の中でやめてもよいことを記入

⑦　最後に目標を記入し、目標達成のためにやるべきことを記入

**ステップ3：目先期**

④　三日坊主の自分でもできそうな目先のことを記入
（④' ④の目先のことでも三日坊主で終わってしまった場合に、さらに目先のことを記入する欄もあります）

## ◆「魔法の達成シート」で目標をクリアするまでの流れ

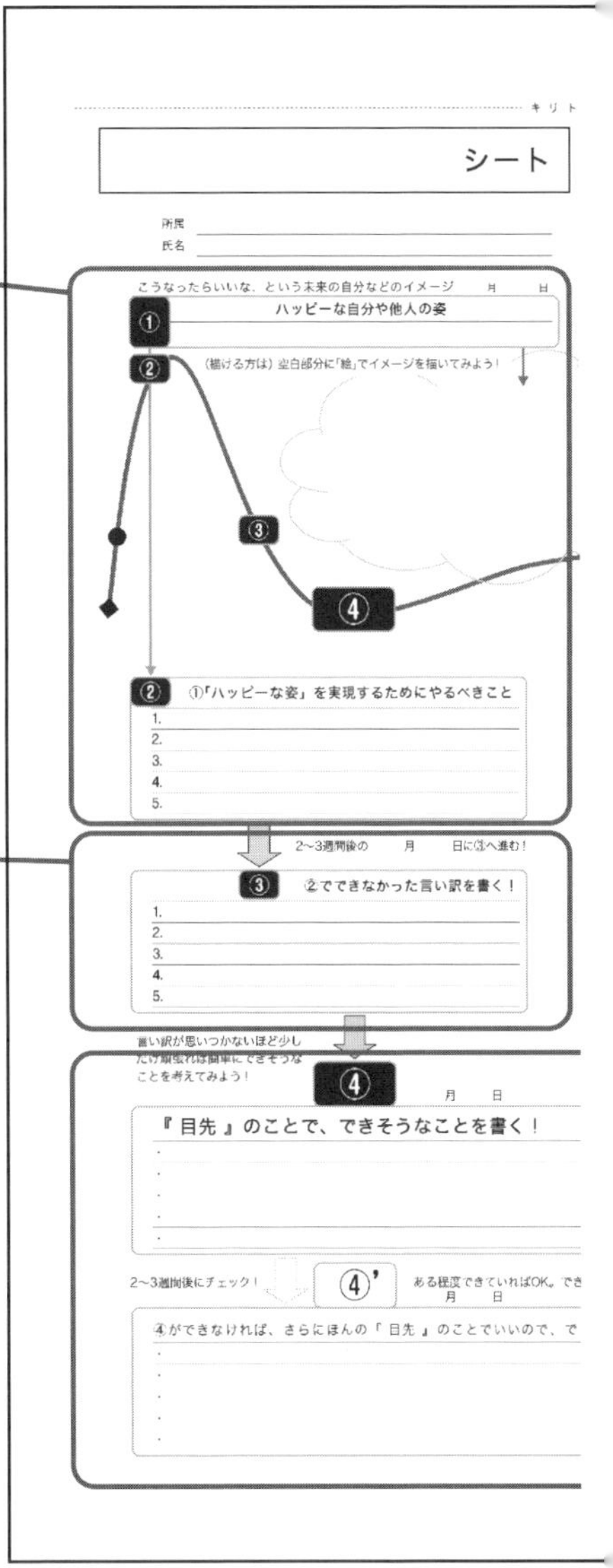


**ステップ1：高揚期**

① こうなったらいいなという未来のハッピーな自分や他人（第三者）の姿を記入
（絵が得意な方はイラストを記入する欄もあります）

② 「ハッピーな姿」を実現するためにやるべきことを記入

**ステップ2：挫折期**

③ 2～3週間後に②の取り組みや進み具合を確認し、できなかった言い訳を記入

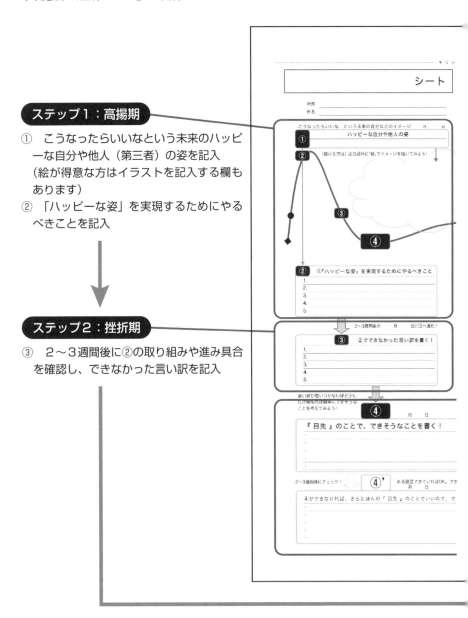

（④'として、④の目先のことでもまだできなかった場合には、さらに目先のことを記入する欄もあります）

**【ステップ4：推進期】**

⑤　少しでも変化が出たら、何でもよいので「自分をほめたり、変化したこと」を記入
⑥　今の習慣の中で「やめてもよいこと」を記入
⑦　最後に目標を記入し、目標達成のためにやるべきことを記入

それぞれのステップの進み具合によって、書いていくことは変わってきます。

このシートは、これまで述べてきたように、「目標達成までには必ずうまくいかない期間（挫折期）がある」との前提でできています。シートに記入することで何の指標もなく進んでいくより、確実な効果が目に見えるようになるのです。

それでは次ページから、各ステップごとの具体的な記入の仕方を見ていきましょう。

## まず、目標を立てよう

**【ステップ1：高揚期】**

「ステップ1」の高揚期は、「さあ、目標に取り組むぞ！」「今年こそは……」「よし、やろう！」と、新しい目標に向けて気分も新たになっている時期です。

企業で目標管理に取り組んでいる場合などは、目標を数値化しなければならない方もいると思います。しかし、それはそれとして、まずは目標数値などを意識せずに、その目標を達成したらどんな自分になっているのか、どのようにしてその自分に近づけるのかを考えてみましょう。

### ① ハッピーな自分や他人の姿を想像する

これから目標に取り組んでいくわけですが、まずは通常の目標達成のアプローチをしてみます。

つまり、目標の意義や目的は何なのかを考えてみるのです。このやり方は天才型のアプローチになりますが、これまでそうした手順に慣れているでしょうから、まずはそこから出発してみます。

目標を達成したときに自分がどのような状態や状況であるのか、もしくは自分以外の人がどういう状態なのか、とにかく「ハッピーな姿」を想像して、「① ハッピーな自分や他人の姿」の欄に書いてみましょう。

この欄は、漠然とした夢や希望のような内容でも、かなり具体的なイメージでも構いません。

目標達成への道筋が見えてくる「ステップ4」あたりになってくるとイメージが具体化されてきますので、まずは簡単なイメージが出されていれば、それで十分です。

「ハッピーな自分」をイメージにしくい場合は、次のように自分のことや第三者に対してどうなのか、といった観点から考えてみてください。

ここでいう第三者とは、家族、友人や知人、お客様、取引先、会社、同僚、地域、国、ペット、モノやサービスなど、自分以外のすべてが対象です。

- 自分のことで、よくやったと自分をほめている。
- 自分のことで、よくやったと第三者からほめられている。
- 自分のことで、第三者が喜んでいる。

### ◆まず高揚期の「ハッピーな自分」を書き込む

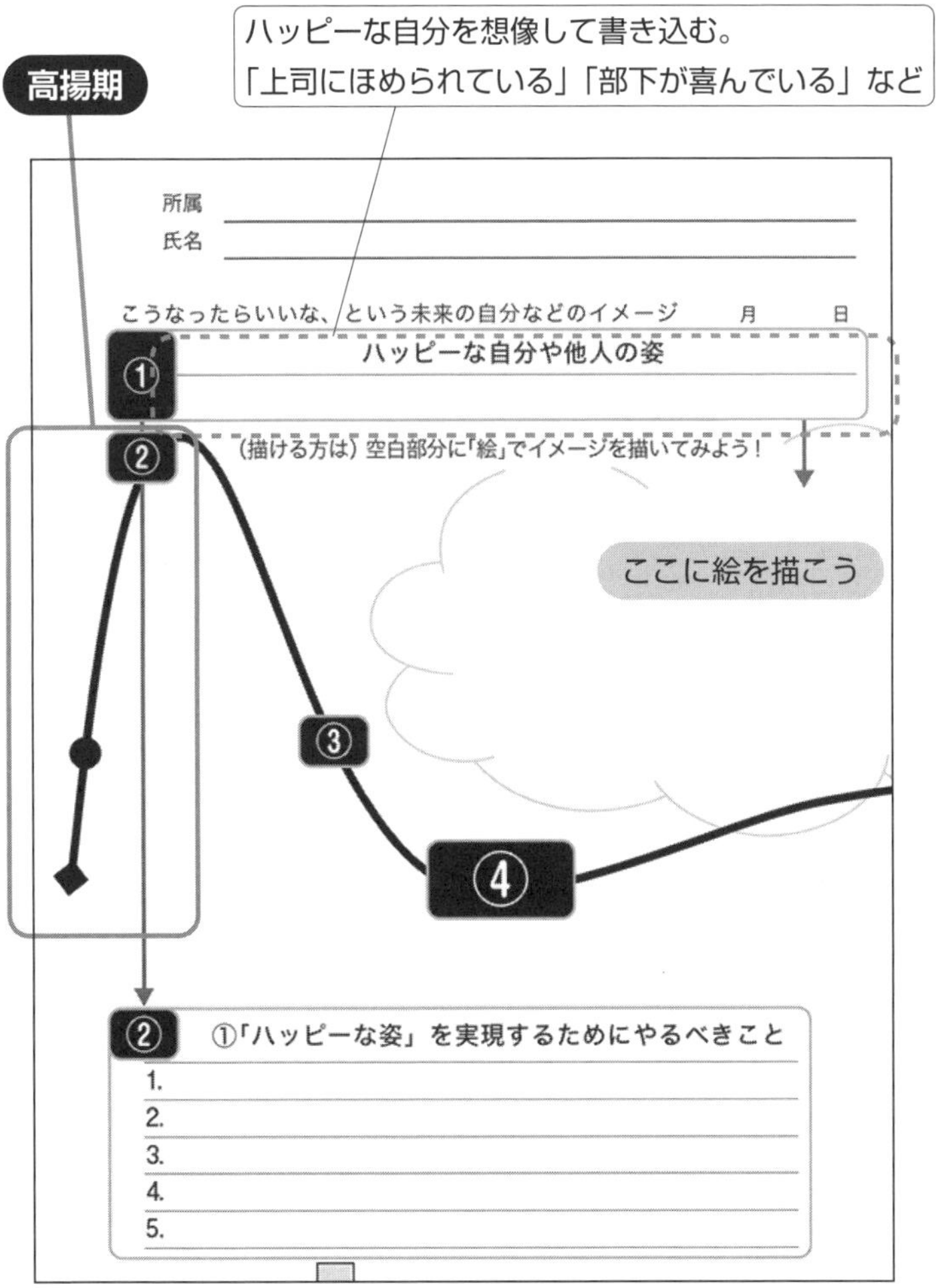

●欲しいモノやサービスが手に入って自分が喜んでいる。
●第三者への貢献で、よくやったと自分をほめている。
●第三者への貢献で、よくやったと第三者からほめられている。
●第三者への貢献で、第三者が喜んでいる。

などです。具体的には、「受注をして上司にほめられる」「仕事がうまくいき後輩が喜んでいる」といった内容になります。

企業など組織での目標管理の取り組みでは、「受注額○○円」や「歩留まり率○％」などの最終的な目標そのものを書きたくなります。

どうしても書きたい場合は、目標を達成して喜んでいる自分や第三者、というような書き方をしてみましょう。

たとえば、「受注額○○円の目標を達成して、チーム全体で喜んでいる状態」といったイメージです。

具体的な書き方の例を次に示しましょう。


**【ビジネス】**

●お客様が喜んでいる。

●お客様が自社サービスを受けて感動している。
●お客様が自社製品を使用した結果、効率が上がり喜んでいる。
●上司が喜んでいる。
●自分の目標達成で、部署目標も達成して上司が喜んでいる。
●自分の成長を見て、上司が喜んでいる。
●受注で部署が全社で1位になり、みんなで喜んでいる。
●粗利で自分が部門で1位になり、自分が誇らしい。

**【プライベート】**

●禁煙ができて、家族が喜んでいる。
●ダイエットに成功して、着たい服がたくさん選べてうれしい。
●健康診断の数値が改善してうれしい。
●資格試験に合格した自分は凄い。
●家を買うための頭金が貯まって、夫婦で喜んでいる。

シートには、「絵」を描く空白も設けています。

文字でイメージするのが得意な人もいれば、絵でイメージするほうが得意な人もいます。

使うか使わないかはお任せしますが、「絵」を描くことでイメージがより膨らみそうな場合は、この部分にイラスト等を描いてみたり、写真や画像を貼ったりしてみてください。

## ②「ハッピーな姿」を実現するためにやるべきことを考える

実現したい理想の状態をイメージしたあとは、具体的に何をするかを考えます。

企業などでの目標管理制度でいえば、「具体的行動項目」「遂行方法」「達成方針」「アクション」「達成プロセス」などと表記されている部分で、「どうやって」目標を達成するのか、「どのようにして」目標達成に向けて取り組むのかを記入する欄です。

目標に取り組むにあたって、「何のために」という目的を除けば、重要なのはこの「やるべきこと」なのです。

とても重要なポイントであるからこそ、非常に難しいところでもあります。

とはいえ、プライベートな目標であろうと企業などでの目標管理であろうと、具体的に何をするのかを考えないわけにはいきません。そうでなければ目標が単なる標語のようなものになってしまいます。

企業での例をいくつか見てみましょう。私のクライアント先企業の目標管理のシートに実際に書かれていたものです。

◆②「ハッピーな姿」を実現するためにやるべきこと

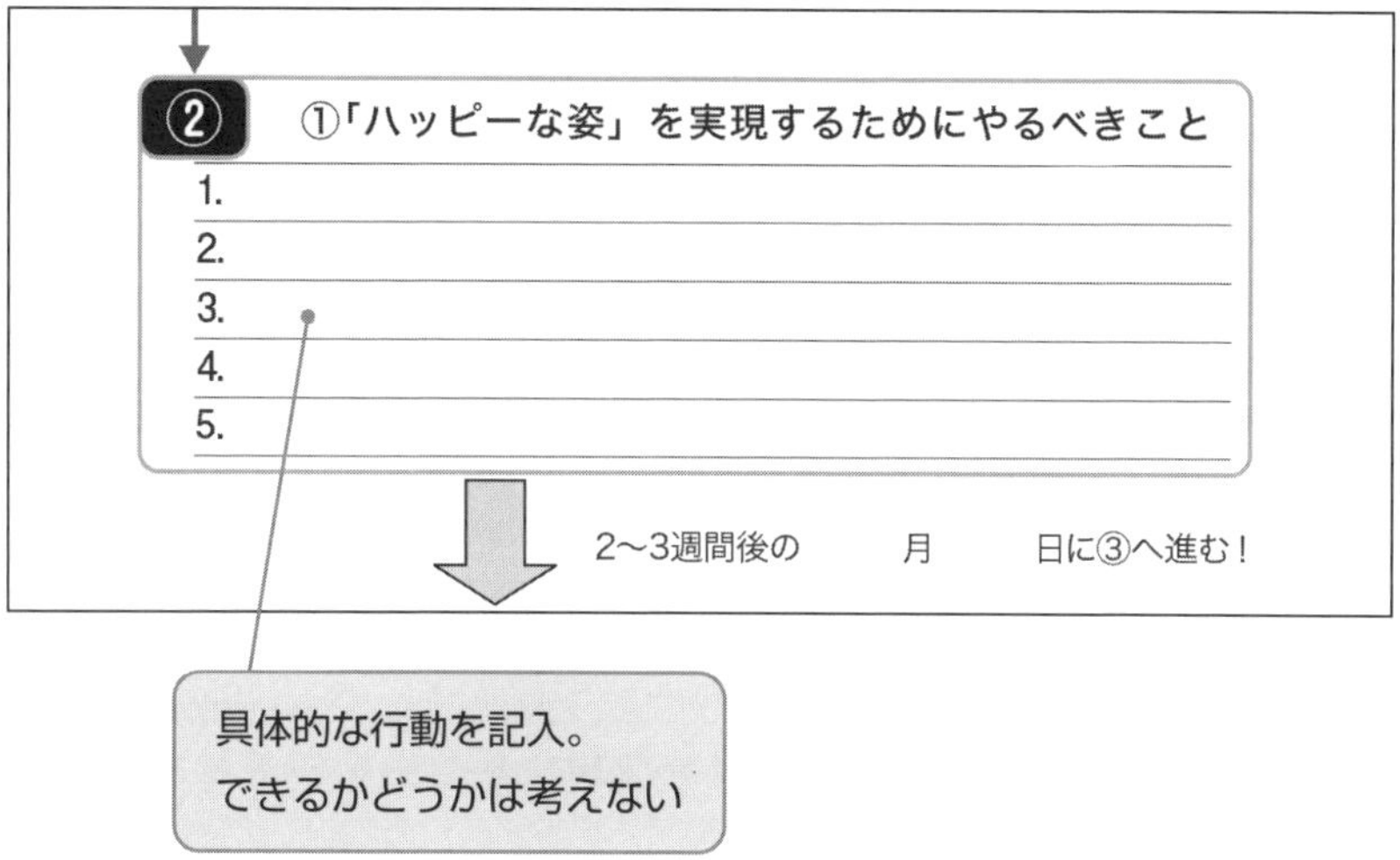


**【営業職の例】**

●グループ内で顧客情報を共有化し、チーム営業を実施する。

●新規顧客リストを作成し、新たな顧客を開拓する。

●設計部から上がってくる積算見積りを精度高くチェックする。

●既存顧客へ納入しているものとは違うアイテムを拡販する。

など。

82ページに「営業マン」「マネージャー」「英語の勉強（プライベート目標）」の具体例をあげました（以下、同じ例で書き込みの例をあげていきます）。

また、83、84ページに他の業種の「やるべきこと」の例をあげました。参考にしてみてください。

### ◆「やるべきこと」の記入例

〈事例A　営業マン〉

| ② | ①「ハッピーな姿」を実現するためにやるべきこと |
|---|---|
| 1. | 顧客や代理店との連携を密にする。 |
| 2. | 代理店5社の利益につながる企画をする。 |
| 3. | これまで取引がなかった新規売り先を探す。 |
| 4. | IT前提の社会に即した新規営業手法を構築する。 |
| 5. | |

〈事例B　マネージャー〉

| ② | ①「ハッピーな姿」を実現するためにやるべきこと |
|---|---|
| 1. | 部下との面談を毎週実施する。 |
| 2. | 部下の仕事を常に進捗チェックする。 |
| 3. | 業界動向、他社情報、社内会議等の情報を共有化する。 |
| 4. | |
| 5. | |

〈事例C　英語の勉強（プライベート目標）〉

| ② | ①「ハッピーな姿」を実現するためにやるべきこと |
|---|---|
| 1. | 毎日4時に起床する。 |
| 2. | 英語の勉強を毎日2時間する。 |
| 3. | 英語がメインのコミュニティやサークルに入る。 |
| 4. | |
| 5. | |

## ◆〈業種別〉やるべきことの例

**【製造職共通】**

・業務の標準化のため、作業マニュアルを作成する。

・過去の作業指示書をまとめ、リピート品についての作業を標準化する。

・現場作業を分析し、工程の自動化をする。

・作業時間を均一化し、標準作業時間を確立する。

・多能工化に対応するため、他の工程も学ぶ。

・毎日図面を確認し、進捗状況の打ち合わせをする。

・難易度Aの加工アイテムのうち、３種類の加工を１人でできるようにする。

・加工実績表を作成し、稼働時間を集計する。

・製品ごとの加工仕様書について内容を整理する。

・既存設備から情報を取り込み、より高効率に加工をする。

**【設備保守メンテナンス】**

・手順書、メンテノートを活用し、１人作業が可能となるよう実践する。

・あまり機会のないメンテナンス作業は、稼働中に設備と保守作業標準を確認しながら想定しておく。

・メンテナンスで現場に行く際は、可能な限り現場作業担当者とコミュニケーションをとる。

・複数人でメンテナンスをする場合は、お互いに進捗状況を確認する。

**【ITシステム設計】**

・システム提案の前に、お客様の業務をしっかり把握する。

・お客様の担当者と打ち合わせし、部署内で問題点を分析し共有する。

・提案時にハード、インフラ、システムの融合をする。

・設計、開発状況をお客様にレビューし、方向性を確認する。

**【ITシステム開発】**

・Aモジュールを１人で開発できるようにする。

・データベース最適化の提案をする。

・一般的なデバイスドライバを作成できるようにする。

・会社のコーディングルールを理解し、新人にプログラミングの指導をする。

**【設備】**

・設備台帳を整理し、属人的な管理から共通認識ができる状態へする。

・設計フローチャート作成と設計基準書の作成をする。

・紙しか残っていない図面の整理をし、電子化する。

・日常の巡視点検で異常を発見する。

**【品質保証】**

・品質保証に関する通信教育で一般的な知識を向上させる。

・過去のクレーム報告書を分析して、傾向と対策案を出す。

・製品の不適合の削減のために、定期的に部署ごとに打ち合わせを実施する。

・法律の改正や規格の変更を常に把握して社内に展開と即時の仕様変更を行う。

**【検査】**

・検品の際のチェックリストを改善する。
・解釈の違いによる検品漏れをなくすため、ダブルチェックをする。
・受注品の納期を確認し、検査に来ない製品がないかチェックする。
・検査標準、客先要求を理解したうえで、合否判定をする。

**【倉庫】**

・製品発送前に電話やメール、FAXで事前に納期の打ち合わせをする。
・お客様へ納期通り製品が到着するか確認をする。
・出荷遅れがないように、納期管理リストを使用する。
・納期順守率を上げるため、取引先ごとになぜ遅れるのかを検証する。

**【研究・開発】**

・開発工程の短縮のためにボトルネックの部分を分析して改善する。
・他者の自由な発想を取り入れるために部門横断ミーティングをする。
・異業種交流会に参加して刺激を受ける。
・営業さんの各種メーカーとの打ち合わせに同行し、お客様とのコミュニケーションを強化する。

**【接客サービス】**

・お客様の反応を見て状況を判断しながら、手配りちらしや告知POPなどを作成する。
・適正在庫となるよう在庫管理を徹底する。
・過去クレームの集計と分析をして、解決策を提案する。
・アルバイトスタッフのシフトコントロールを適切にする。

**【看護】**

・担当の科で代表的な疾患についてアセスメントをする。
・ベッドコントロールをして病床稼働数を適切にする。
・急変時対応のマニュアルを現場実態にも合わせながら整理し直す。
・患者観察のマニュアルの改善をする。

**【総務人事】**

・全社での時間外労働の削減をする。
・行事計画について滞りなく実施できるようにする。
・ファイリングが適切になされているかを部署ごとに確認して正しい管理方法を指導する。
・安全衛生教育に関する啓蒙活動を企画し実施する。

**【経営管理】**

・日次で収益、経費が把握できるような仕組みを構築する。
・伝票の流れを確立し、別の部署に対して周知する。
・社外はもちろん、社内での提出書類に関しても、ミスなく丁寧に作成する。
・各種の全社資料のフォーマットを統一する。

## できないのは当たり前。「言い訳」を書き出してみよう

**【ステップ2：挫折期】**

80ページで解説した、「②『ハッピーな姿』を実現するためにやるべきこと」は、確実に行われているでしょうか。

2～3週間経ってから振り返ってみると、時間がとれなかった、急な仕事が入って……、等々の理由で、なかなか進んでいないのが現実ではないかと思います。

①の「こうありたい」という姿や目標に対して、こうしなければならない、この方法は間違いなくよいだろう、というような内容が「やるべきこと」に並んでいるはずです。

おそらく、それらは正しくて、理想的で素晴らしい内容だと思います。だからこそ難易度が高く、相当な覚悟や気合いがないと、やろうと思ってもなかなかできないことが多いのです。

しかもよく見ると、一見具体的なようでも、実はあまり具体的ではなく、普段からどのような行動を取ったらいいのかわからない、ということもあるのではないでしょうか。覚悟や気合いがあっても、何をしたらよいかわからずに手をつけられず、結局、目標達成で

きなかったということも多いのです。

これまで何度も述べてきたように、目標への取り組みは、なかなか実行できないのが普通です。当たり前なのです。

シートの「②『ハッピーな姿』を実現するためにやるべきこと」で書いた内容を、書いた瞬間からすぐに実行して行動を変えていける人なんて、ほとんどいません。それができるのは、一部の使命感のある天才型の人だけです。

このような意識レベルの高い人たちに合わせた目標達成の手法には、無理があります。

そこで、**「途中で挫折するのはまったく構わない、それが当然だ」という前提に立つと、すっきりします。**

ビジネス目標でもプライベート目標でも、目の前に多くの仕事ややりたいこと、やらなければならないことが山積みになっているので、なかなか新しい取り組みはできないのです。

ただし、挫折しっぱなしでよいわけではなく、一度は挫折するのが普通であり、むしろ現状の自分は普通なんだ、ということを受け入れるのが大事なのです。

◆③　②でできなかった言い訳を書く！

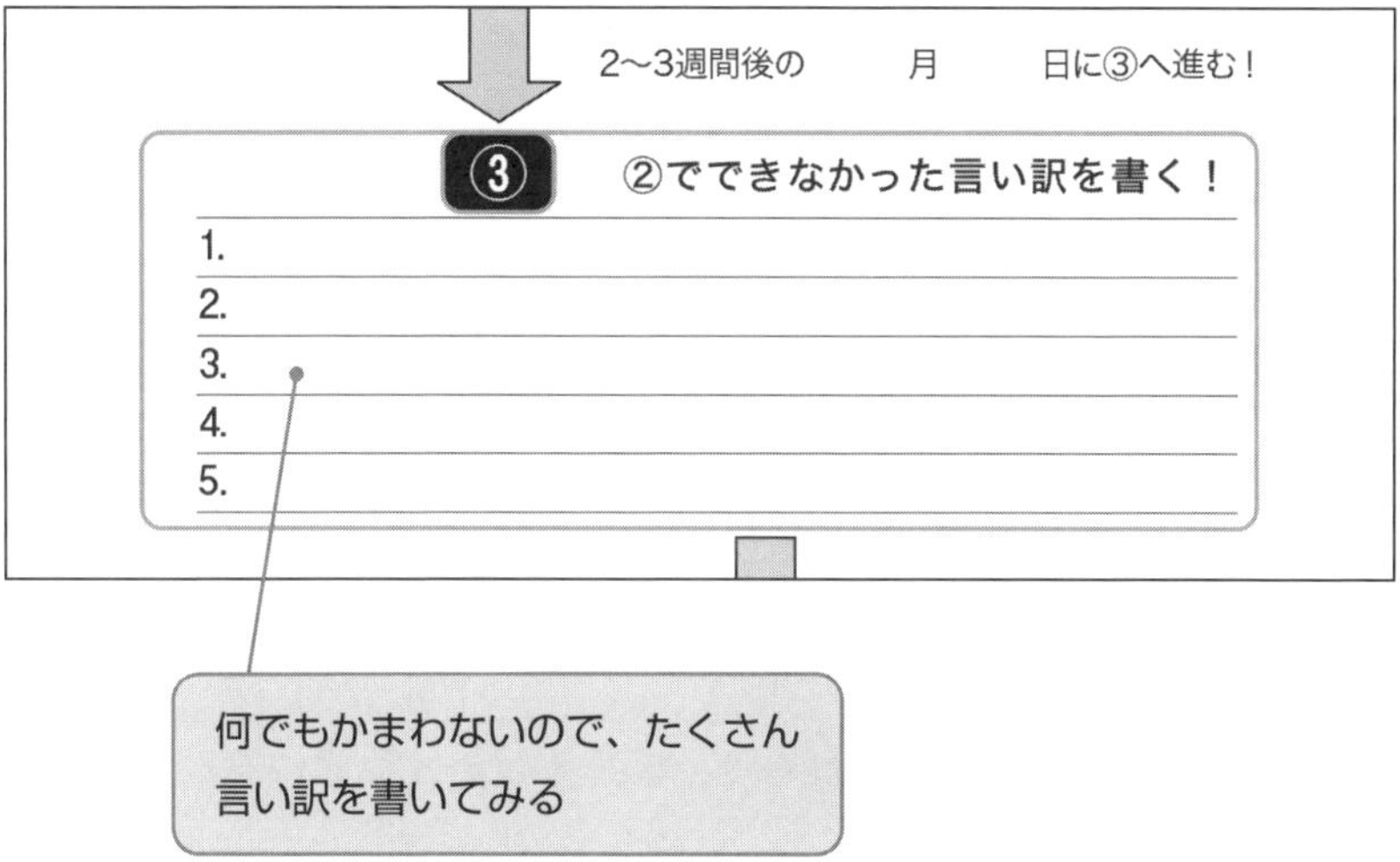
2〜3週間後の　月　日に③へ進む！
③
②でできなかった言い訳を書く！
1.
2.
3.
4.
5.
何でもかまわないので、たくさん言い訳を書いてみる

そこで、この「魔法の達成シート」では、②に記入してから、2〜3週間後くらいで次の取り組みに移ります。

## ③ ②でできなかった「言い訳」を書く

シートの「② 『ハッピーな姿』を実現するためにやるべきこと」で、できたこともできなかったこともあるでしょう。できたことは自分で自分のことをしっかりとほめておき、できなかったことにフォーカスしてみます。

魔法の達成シートの③の欄は、「②でできなかった言い訳を書く！」とあります。

ここには、シートの②に書いたのにできなかったことに対して、ひたすら言い

### ◆「言い訳」の記入例

〈事例A　営業マン〉

**③　②でできなかった言い訳を書く！**

1. いつも通りでとくに何もしなかった。
2. 具体的に何が利益につながるかわからなかった。
3. 日々の仕事が忙しくて探さなかった。
4. 漠然としたものだったので手をつけなかった。
5. 

〈事例B　マネージャー〉

**③　②でできなかった言い訳を書く！**

1. 日程が合わない。
2. 日々の仕事が忙しくてチェックしなかった。
3. とくに何もしなかった。
4. 
5. 

〈事例C　英語の勉強（プライベート目標）〉

**③　②でできなかった言い訳を書く！**

1. 仕事が遅かったり、夜にテレビを見てしまって朝早く起きられない。
2. 集中力が2時間も持たない、何をしていいかわからない。
3. 勇気が出ずに一歩を踏み出せない。
4. 
5. 

訳を書いていきます。

新たな取り組みや、これまで何度もトライしてきたけどできなかったことがシートの②に書かれているケースが多いので、取り組むこと自体が難しいため後回しになり、今ある目の前のことがどうしても優先的になってしまいます。そこはもう、しょうがないとして、たくさん言い訳を書いてみましょう。

## 2大言い訳は、「時間がない」「続けられない」

【よくある言い訳の例】

- 会議が多く、時間がなかった。
- 通常の業務が忙しく、時間がなかった。
- やりかけたけれど、思ったよりも大変で進んでいない。
- 何から手をつけたらよいかわからず、結局ほったらかしにしていた。
- いまいちやる気が起きない。
- 先が長すぎて何をすればいいのかわからない。

●やめなければならないことが、やめられない。
●育児や家事で自分の時間がまったくない。

このような言い訳が出てきますが、さまざまな言い訳をまとめますと、

**「時間がない」**
**「行動を継続できない」**

という2点に集約できます。

少々乱暴かもしれませんが、どのような言い訳も結局は、シートの②に書いた「やるべきこと」をする時間がなかった、あるいは、やり続けることができなかったという内容になります。

例えば、ダイエット目標の例では、具体的に何かをするとしたら、カロリー制限、運動をする、の2大行動が中心になります。

しかし、お付き合いでお酒を飲みに行ったり食事に行ったり、友人とお茶をするときに、自分だけが食べないとか、食べる量を抑えるといったことは、なかなかできるものではありません。

禁酒、禁煙なども同様に中毒症状に近いため、「やめる」「抑える」という行動を継続で

きにくいものです。

では、ダイエットのもう1つの取り組み、運動はどうでしょうか。これは苦しいから、つらいからという人もいるかもしれませんが、大半は時間がないからできないのではないでしょうか。

基礎代謝以上にしっかりとカロリーを消費するほどの運動となると、それなりに時間が必要となります。その時間をつくり出すことが難しく、毎日しようと思っていたことが、2日に1回、3日に1回となり、そのうち面倒くさくなってあきらめる……というパターンに陥ってしまいます。

私も、ダイエットではありませんが、運動不足はよくないなと思い、学生時代に友人たちと週2回のスポーツジムに通い始めたことがありました。

しかし、私は1か月ほどで行かなくなってしまいました。そもそもが漫然とした目的ですし、目の前のやるべきことや娯楽などを優先させてしまい、だんだんと足が遠のいてしまった記憶があります。

ビジネスの現場でもプライベートでも、言い訳はすべてこの「時間がない」「行動を継続できない」の2点に尽きます。

ということは、次に取るべき行動は、「時間がない」「行動を継続できない」という言い訳ができないようにすればよいのです。

## ごく簡単にできる「目先のこと」だけをやってみよう

**【ステップ3：目先期】**

多くの場合、相当な覚悟がないとできそうにないことを目標達成のための行動計画に書いてしまいます。ですから、挫折します。

その挫折は当然のことなので、言い訳を書いてみると、「時間がない」「行動を継続できない」ことに尽きます。

であれば、もっと簡単な行動計画を立てましょう。

本書の最大のポイントである**「目先」**のことに目を向けていくのです。

簡単に言うと、**目標達成のための行動計画のレベルや頻度をぐっと落とせばよい**のです。

こう言うと、

「それでは目標達成には全然届かない」

「もっとレベルの高いことをしなければ」

「そんな簡単なことでは意味がない」

といった意見が出てきます。しかし、かっこいい理想的な行動計画を立てても、どうせできないのです。


でも、できないままでいるわけにもいきません。

まずは少しでも行動して前進することが大事なのです。

使命感が強烈にある天才型ではない私たちは、彼らが一歩進む間に、半歩どころか「足を動かそうかなあ」くらいの動きをするだけでもよいのです。

それを、彼ら天才型と同じようなレベルとスピードで一歩進めようとすると、結局足を動かすことさえできずに終わってしまうのです。

そこで、まずは「目先のこと」です。

カメはウサギのように跳ねてスピードを出すことはできませんが、歩くことはできるはずです。まずは歩くことから始めましょう。

目標設定から3週間もたっていれば、やる気は挫折曲線の一番下のどん底に来ていることでしょう。ここからは上昇していくのみです。

## ④「目先」のことで、できそうなことを書く！

「目先」の行動を考える際は、目的意識も行動計画もすべて無視して、目の前のお客様、仕事、プライベートでの取り組みに関連して、ほんの少しだけ今よりもマシになるであろうこと、有効だろうと思われることをシートの「④『目先』のことで、できそうなことを書く！」に書いてみます。

例えば、「用はなくても顧客リストの中から毎日2件電話かメールする」などで十分です。目先のことをシートに書いてから、さらに2～3週間その行動を実行してみます。ある程度はできると思いますが、それでも無理なこともあるかもしれません。

その場合、さらにほんの「目先」のことを書く欄として、④欄の下に「④’④ができなければ、さらにほんの『目先』のことでいいので、できそうなことを書く！」の欄を設けています。

ここには、もっとレベルを下げて、さすがにこれなら取り組めそう、と思うことを書いてみましょう。

## ◆「『目先』のことで、できそうなことを書く！」の例

〈事例A　営業マン〉

**『 目先 』のことで、できそうなことを書く！**

- ・既存の顧客リストをGW前までに整理する。
- ・とくに用はなくとも顧客リストの中から毎日2件電話かメールをする。
- ・とくに用はなくとも代理店に週2回電話する。
- ・
- ・

2〜3週間後にチェック！　**④'**　ある程度できていればOK。できていないと思うところがあ
5月　6日

④ができなければ、さらにほんの『 目先 』のことでいいので、できそうなことを書く！

- ・顧客リストは整理されていなくてもよいので、今あるものを使う。
- ・顧客リストの上から順に毎日1件電話かメールをする。
- ・代理店との定期連絡として週に1回月曜日に電話をする。
- ・
- ・

〈事例B　マネージャー〉

**『 目先 』のことで、できそうなことを書く！**

- ・夕方、社内にいる部下を一人選んで「今日なんか新しいこととか進展とかあった？」と聞く。
- ・改まった会議などではなく、情報と思うものは一方的にメールで部下全員へ送る。
- ・
- ・
- ・

〈事例C　英語の勉強（プライベート目標）〉

**『 目先 』のことで、できそうなことを書く！**

- ・毎日、イディオムを5つ覚える。
- ・毎日、3会話文程度の量だけ発音できるようにする。
- ・スマホアプリを使って通勤時間に聞き流す。
- ・
- ・

2〜3週間後にチェック！　**④'**　ある程度できていればOK。できていないと思うところがあ
5月　4日

④ができなければ、さらにほんの『 目先 』のことでいいので、できそうなことを書く！

- ・毎日、単語を３つ覚える。
- ・毎日、1会話文程度の量だけ聞き取り、それをそっくりそのままマネできるようにする。
- ・
- ・
- ・

**◆「『目先』のことで、できそうなことを書く」のチェック欄と記入例**

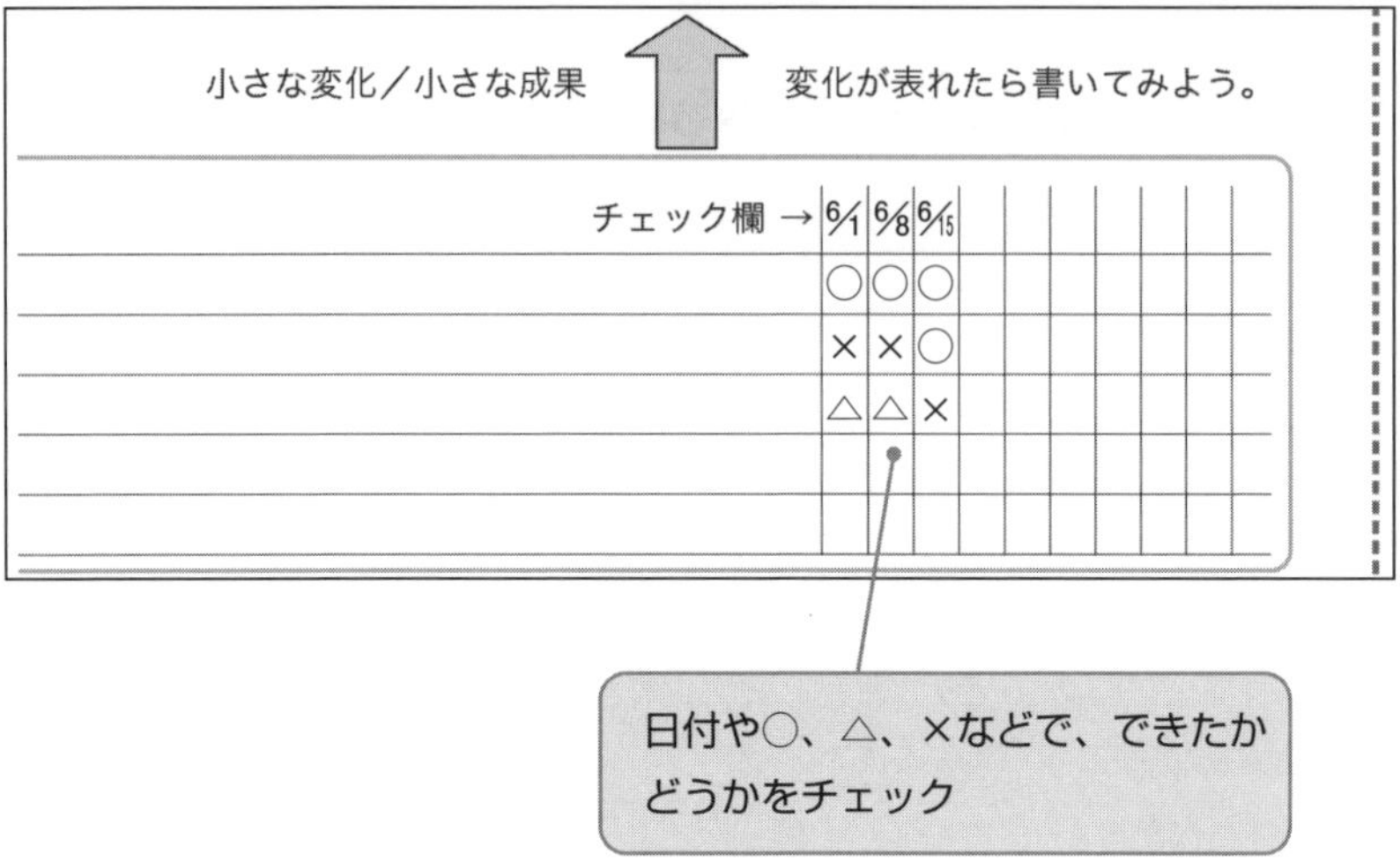
小さな変化／小さな成果
変化が表れたら書いてみよう。
チェック欄 →
6/1 6/8 6/15
○○○
××○
△△×
日付や○、△、×などで、できたかどうかをチェック

極端かもしれませんが、1日数分程度でできることでもよいのです。毎日続けられることや繰り返しできることを考えるようにします。

そのような繰り返しの仕事ばかりではない職種もあるでしょうが、コミュニケーションの取り方や報告の仕方などの行動を変えることはできるはずです。

また、「魔法の達成シート」の④の右端には「チェック欄」があります。

ここは、日付や○、△、×など、「目先のことで、できそうなこと」の取り組み具合や進捗確認などに使用します。

日々実行するものは、1週間や2週間単位など、ある程度の期間を決めて確認するようにします。

工程管理といったスケジュール的な内容であれば、期限までにできたかどうかなどをチェックします。この欄は自由に使っていただいて構いません。

これまで多くの方の行動変革を見てきましたが、この「④' さらにほんの『目先』のこと」を3週間続けると、その行動がある程度習慣化され、その後続けられる可能性が非常に高いことが経験的にわかっています。

逆に言うと、ここまで簡単にしても3週間続けられないということは、現在の自分にはまだ難しい、厳しいということです。イマイチやる気が出ないのは、行動が自分に合っていないことになります。

そんなときは、シートの④'を何度も使って構いません。書ききれなくなったり、汚れたりしたら、新しくシートを書き換えたり、シートを足してもいいのです。

とにかく**重要なのは、内容を変えたり、行動レベルや頻度を落とすことで、まず3週間続けること**です。

## 毎日続けてクセにしてしまおう

こうして継続できたものは、さらに1か月ほどすると、ほぼ完全に習慣化されます。これは多くの方を見てきて実感しています。

ビジネスはもちろんですが、生活全般についても、ほぼ習慣化されたパターンで人は毎日生活しています。この習慣はクセとして身体に定着しています。一度クセになってしまうと、この習慣から外れることが「気持ち悪い」状態になります。

例えば、新聞を朝に読む習慣がある人は、それがクセになっていますから、毎朝新聞を読まないと気持ちが落ち着かなくなります。

歯磨きにしてもそうです。朝起きてすぐに磨く方と朝食後に磨く方に分かれるようですが、いずれにしてもその習慣で磨かなければ気分が悪くなります。

しかし、朝に新聞を読まない人や歯磨きの習慣がない人は、とくに気持ち悪いということもなく、必要性も感じません。ですから、これらの行動は習慣にならないのです。

これはビジネスの現場でもまったく同じで、報告・連絡・相談、いわゆるホウレンソウを日頃細かく行っている人はそれがクセになっているので、ホウレンソウをしないと気持ちが悪いのです。

よく社会に出て最初の3年間とか、最初についた上司で残りの社会人人生が決まると言われますが、まったくその通りです。

社会人になってすぐは何もできないまっさらな時期ですから、何の習慣もクセもついていない状態です。多くの場合、最初はその会社のやり方、業界のやり方、上司のやり方、先輩のやり方を真似することを求められます。

他のやり方を知らないままに繰り返しやらされるので、それが自然と習慣化されて常識になり、行動や思考のクセになっていくのです。

そのため、その習慣やクセを変えようとするには相当な努力と覚悟がいることになります。ビジネス習慣でも生活習慣でも、それはまったく同じです。

ですから、行動を変えようとしても挫折するのは当たり前、まずはこの3週間を意識して、「目先のこと」に取り組んでみましょう。


目先のことを3週間ほども続けていくと、自分自身もしくは周囲に多少の変化が現れてきます。

大きな変化ではありませんし、何らかの具体的な成果が出るわけでもありません。目に見える何かしらの成果が出ていることもありますが、多くの場合、「成果が出た」とあえて取り上げるほどのものではないでしょう。

それでも目先のことで、とくに日々行うような行動を魔法の達成シートの④に書いていた場合は、3週間ほど続けることで必ず変化が出ているはずです。多くはほんの少しの気持ちの変化かもしれません。それでも構いません。「3週間続けられた自分は凄い！」でよいのです。

## 何とか継続している自分をほめる

### ⑤ 少しでも変化が出たら自分をほめたり変化を書く

このように、目先のことを実践していて何かしらの変化があったら、気持ちでも出来事でも何でも構いませんので、達成シートの「⑤ 自分をほめる 何かしらの変化を書く！」に記入します。

先のステップ3で見たシートサンプル（95ページ）について、具体的な「ほめる」例を103ページに示します。

こうした変化は、些細《ささい》なことでも記入しましょう。

挫折するのは普通、ということを受け入れることも重要でしたが、目先のことをやっていて出てきたわずかな気持ちの変化や周囲の変化でも「凄いことだ！」と敏感に、そして単純に受け入れることも重要です。

これは、自分はやればできるんだという自信につながっていきます。

**「達成する前に、先に達成しなさい」**とはこういうことなのです。

単にやっていなかったからできなかっただけで、きちんと行動をすれば成果が出てくるのです。1分の間にウサギは50m進むかもしれませんが、カメはカメで1mくらいは進んでいるはずです。

それを比較してもしょうがなく、カメが1m進んだという成果は出ていますし、それができた自分は、ほめられてしかるべき凄い存在なのです。

この小さな自信が非常に重要です。

ひょっとしたら、3週間では成果は現れていないかもしれません。それでも3週間も続けていれば、それなりの習慣になっていたりクセになりつつあるでしょうから、改めて自分の気持ちや状況を冷静に考えれば、たとえ周囲の変化がなくとも自分の中に変化は生じているはずです。


ここで気をつけなければならないことは、ただ1つです。

それは、周囲からの評価や目線を気にしないことです。重要なのは自分の気持ちの変化に敏感になることです。

周囲を気にすると、

「自分はこんなにしているのに、周りの人は何とも思っていないのだろうか」

「こんなに相手に尽くしているのに感謝の気持ちがない」

「やり方を工夫しているのに、工程の歩留まりが改善しないのは設備が悪いからだ」

「丁寧な説明をするよう変えたのに受注につながらないのはお客様がわかっていない」

などと筋違いの相手批判をしたり、人のせい（他責）にしてしまいます。

目標を達成するための行動は自分がするもので、第三者がするものではありません。自分の行動がしっかりしていれば、その過程では、自然と第三者が手伝ってくれたり、支援してくれたりするものですが、それを当然のこととして求めてはならないのです。

### ◆⑤「自分をほめる　何かしらの変化を書く！」の例

〈事例A　営業マン〉

| 自分をほめる　⑤　何かしらの変化を書く！ |
|---|
| ・定期的な連絡を欠かさずにできる自分は凄い！ |
| ・顧客Cさんに、営業先を紹介してもらった。 |
| ・代理店Aさんに、そういえば・・・、とネタを提供してもらった。 |
| ・ |
| ・ |

〈事例B　マネージャー〉

| 自分をほめる　⑤　何かしらの変化を書く！ |
|---|
| ・最近、係長が気にかけてくれてると△△さんが言っていたと◇◇さんに聞いた。 |
| ・○○の情報ありがとうございます、と□□さんに言われた。 |
| ・ |
| ・ |
| ・ |

〈事例C　英語の勉強（プライベート目標）〉

| 自分をほめる　⑤　何かしらの変化を書く！ |
|---|
| ・以前よりも憶えるスピードが速くなった気がする。 |
| ・字幕映画でほんの1会話だけれど聞き取れた。 |
| ・友人になんでそんな単語知ってるの、すごい、と言われた。 |
| ・ |
| ・ |

どうしても周囲が気になるようでしたら、相手ではなく自分の行動レベルを高めていかなければなりません。ですが、そうすると行動の難易度が上がり、継続できなかったり、できずにあきらめてしまう「いつものこと」に戻ってしまいます。

ですから、まずはやり続けた自分が凄いんだと自信を持つことです。それは「決めた3週間の行動計画を続けてきた」という事実だけでよいのです。

さて、ここまで来たら、もう少しだけシートの④「目先のこと」を続けてみましょう。行動レベルを上げていければそれに越したことはありませんので、徐々にレベルを上げても構いません。

ただし、上げたことで継続があやしかったり、第三者のせいにしている自分が出てきそうだったら、少しだけレベルを上げる前に戻ってもよいでしょう。

また、達成シートの⑤に、「何かしらの変化」を書いてからも油断は禁物です。

「目先のことを達成した」といっても、まだまだ自分の体質は行動レベルを高く上げたり、大きく変えたりすることに耐えられるようにはなっていません。

身につきそうになっている習慣やクセをそのままの状態で継続、あるいは徐々に行動レベルを上げていったとしても、「完全に」習慣化やクセとなるまで、さらに2〜3週間はそのまま継続したほうが無難です。

**達成シートの⑤に変化を書いてから1か月ほどすれば、もう大丈夫**でしょう。もちろん個人差や行動の内容によって差はありますが、1か月ほどを継続の目安にします。ここまで来たら、大きく変わっていく次のステップへと踏み出していきましょう。

## 今の習慣をやめて時間をつくり出せ！

**【ステップ4：推進期】**

ここから先は、目標達成に向けて一気に推進していきます。

シートの④に「目先のできそうなこと」を記入してから2か月ほど経っていて「目先の達成」ができていれば、自信もついてきているでしょう。

しかし、場合によっては元の木阿弥になる可能性もあるので、無理そうだと思ったらすぐにシートの④に戻って目先のことを再設定するくらいの勇気が必要です。

## ⑥ 今の習慣でやめてもよいことを考える

目標達成をしていく過程で、重要なポイントの1つになるのが、この「やめる」ということです。

ここでは達成シートの「⑥ 今の習慣でやめてもよいこと」を書き込みます。

ステップ2の挫折期に、達成シートの③に「②でできなかった言い訳を書く」の記入をしました（87ページ）。

その最大の原因は2点、「時間がない」と「行動を継続できない」でした。

このうち、「行動を継続できない」のは、レベルや頻度は落としているものの、シートの④で、まず目先のことを行い、「行動計画を継続して、達成できるんだ」、という自信につなげることで解消できました。

ここでは、もう1点の「時間がない」を解決していきます。

ビジネスの現場にしてもプライベートの目標にしても、時間をつくり出そうとすると、「効率よく」という点に目が向きがちです。

ですが、それよりもむしろ**「何をやめるか」のほうが重要**です。

この「やめる」ことができるかどうかが、最終目標を達成できるか否かにかかっています。「時間がない」のであれば、「時間をつくる」ようにしなければなりませんが、何もしていない時間というものは一切存在しません。

ボーっとしている時間も何もしていないのではなくて、ボーっとしていることに時間を費やしているのです。

コップの水がいっぱいの状態では新たに水を入れることはできません。箱にぎっしりと何かが詰まっていれば、そこに他のものを入れることはできません。

ただ、コップに水がいっぱいでも表面張力でたもてる程度のほんの少しの水は入るでしょうし、ぎっしりとはいえ箱にも少しの隙間くらいはあるでしょう。

ステップ3で行った「目先のことに取り組む」というのは、この少しの水を注ぐ、箱の少しの隙間を詰める、そういうことです。

しかし、もうコップや箱はいっぱいなのです。つまり、何かを入れる隙間はないのが現時点の状態なのです。

ではどうするか。コップや箱に新しい水やモノを入れるには、すでに入っている水やモノを出さなければなりません。

あなたの時間も同じです。

現在は、さまざまな作業で時間はいっぱいに埋まっています。何かを入れるためには、何かをやめて時間をつくり出すしかないのです。

これまでは、目標に向けて行動しようと思っても、なかなか継続できなかったりしましたが、目先のことをやり続けて達成する力はすでに身についています。今こそ、何かを「やめる」べきなのです。

無駄な時間はありませんから、やめることを決断する際のポイントは、将来の自分にとって必要でないものになるでしょう。そして、この何をやめるべきかは、すでにわかっていることも多いのです。

例えば、達成シートの②で「ハッピーな姿を実現するためにやるべきこと」に、「○○をやめる」というような表現が入っていないでしょうか。もし、そのような表現があれば、そのまま⑥に抜き出して書いてもよいかもしれません。

最初に書いたときにはできずに挫折したかもしれませんが、継続することができる自信がついた今であれば、できるはずです。もちろん、あまりにも高い理想的なもので無理そうであれば多少レベルを落としても構いません。

### ◆⑥「今の習慣でやめてもよいこと」の例

〈事例A　営業マン〉

**今の習慣でやめてもよいこと　⑥**

・社内の飲み会に誘われても5回に1回くらいは断る。
・たばこを吸おうと思ったとき、2日に1本だけ我慢してみる。
・
・
・

〈事例B　マネージャー〉

**今の習慣でやめてもよいこと　⑥**

・各種報告会議は廃止する（検討会議へ発展）。
・
・
・
・

〈事例C　英語の勉強（プライベート目標）〉

**今の習慣でやめてもよいこと　⑥**

・スマホの〇〇ゲームをやめる。
・テレビの時間を半分くらいに減らす。
・
・
・

いずれにしても、何となく「○○をやめたほうがもっとよい時間の使い方ができるなあ」と思うようなことはたくさんあるでしょう。それを達成シートの⑥に書いて、難易度を調整しながら実践してみてください。

## いよいよ本当の目標に向かう

### ⑦ 目標達成のためにやるべきこと

ここでようやく最初に目指した目標の達成を見据え、本来やらなければならない重要なことを「⑦ 目標達成のためにやるべきこと」の欄に記入していきます。

魔法の達成シートでは、⑦欄のすぐ左隣にある②で「ハッピーな姿を実現するためにやるべきこと」に書いたことの中から抜き出しても構いません。

以前とは状況が変わっていることもあるので改めて考えてもよいですが、すでにシートの②にやるべきことが書かれているケースが多いようです。

ここに記入する時期については、達成シート⑥の「やめてよいこと」と同時に書いてもよいですし、⑥の内容をやめることがある程度できてからでも構いません。

多くの方の実践状況を見ますと、少しずらしたほうがよいケースが大半です。まず、何かをやめて時間を徐々に確保して、そこにやるべきことを少しずつ当てはめていくほうが現実的なようです。

シートの⑦を記入したあとで、シートの右上に目を向け、⑦を実行した結果、最終目標は何になるのか、それを確認する日付はいつなのかをはじめて意識します。

その後、最後の最後に、もしできたらでよいですが、目標を達成したら、それは社会や会社、家庭など何でもよいので、その価値ややりがいとは何かなどについて考えてみてください。

実はそれが「目的」になります。

通常は、「目的→目標→遂行方法」という順で考えていくのが理想的だと言われていますし、多くの成功者もそのように言っています。

確かにそれは正しいのですが、これは使命感強烈の天才型のアプローチであり、いきなりそのレベルまでは到達できません。

普通の人は、むしろ目先のことをやりながら、徐々に自信をつけ、他者が喜ぶ姿、周囲の変化を見て、はじめて目的意識や目標意識、達成意識に気づいていきます。

体で覚える、体験してはじめてわかるというのが、普通の人でしょう。

ここまで来たら、あとは実践するのみです。

達成シートの⑥と同様に、「⑦　目標達成のためにやるべきこと」も途中で無理そうであれば、再び挫折をしていくプロセスになってしまうので、思い切って「また挫折をしてもいいや」ぐらいの気持ちでやってみてもよいかもしれません。

新たなシートを作成してもよいですし、下につけ足しても構いませんが、改めて③の「できなかった言い訳を書く！」に戻り、前にできたことよりも多少レベルを上げてコツコツ目先のことから始めていきましょう。

その継続する力が、いつか必ず目標達成につながっていきます。

## ◆⑦「やるべきこと」から「達成」「価値」の例①

〈事例A　営業マン〉

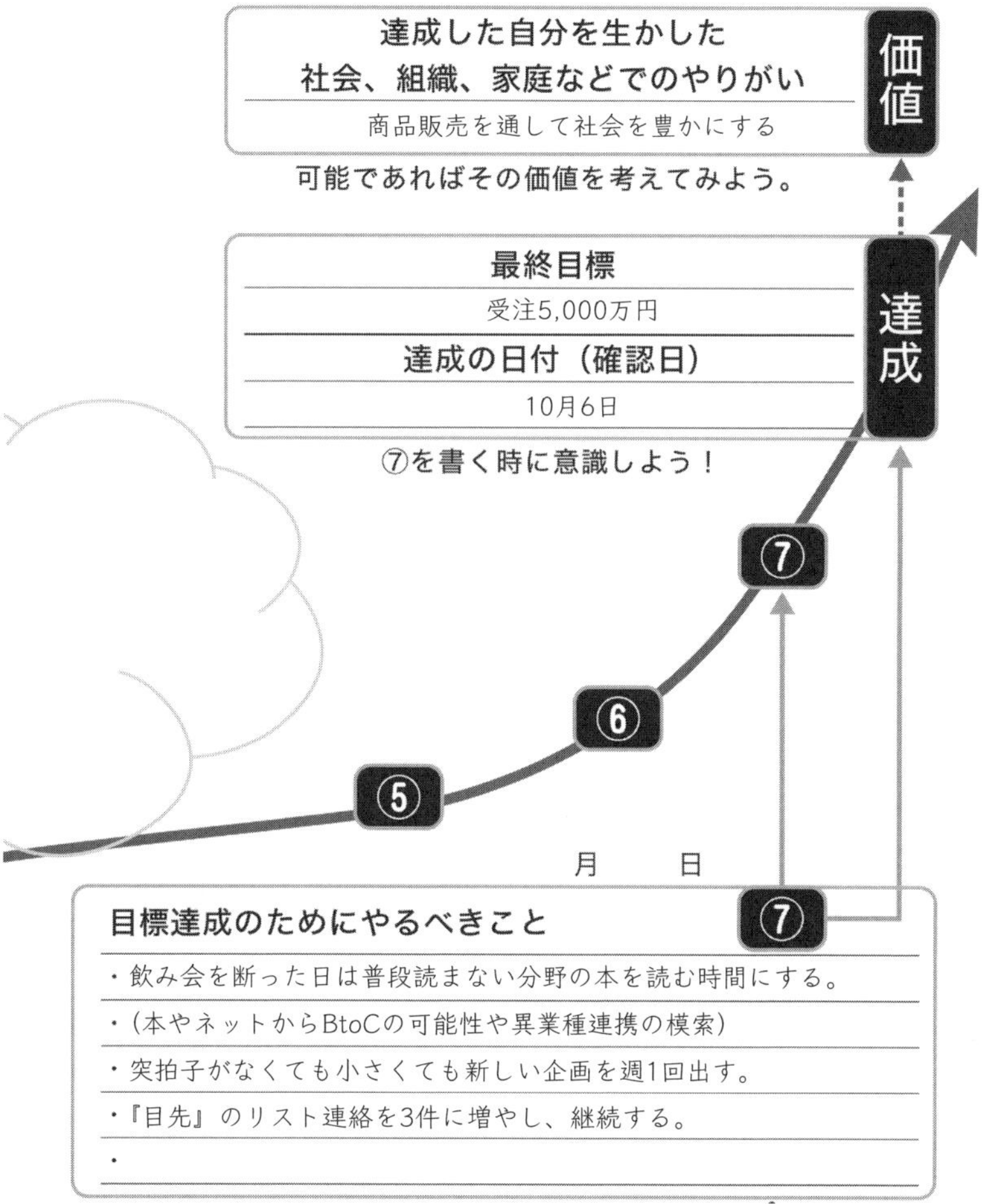

## ◆⑦「やるべきこと」から「達成」「価値」の例②

〈事例B　マネージャー〉

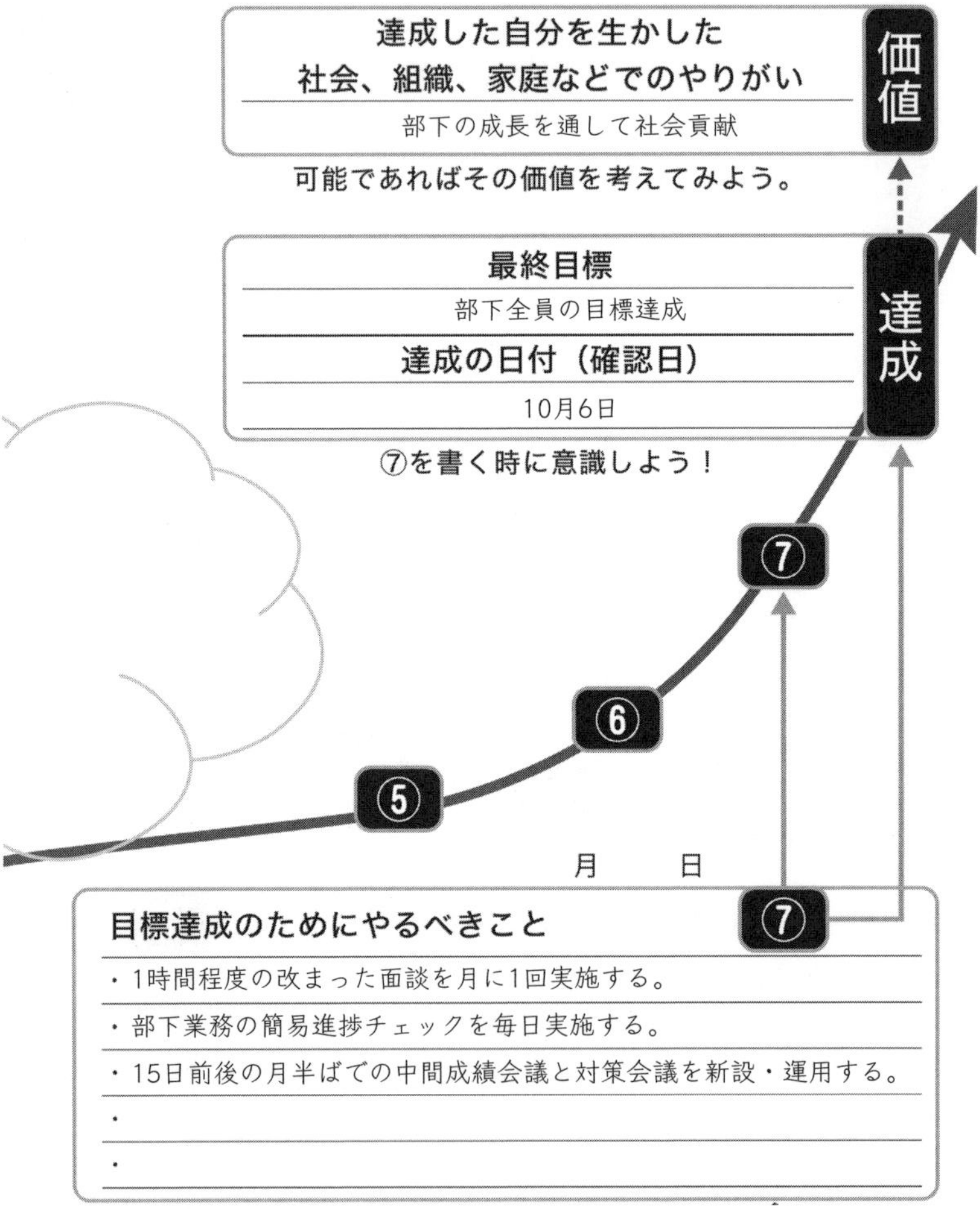

### ◆⑦「やるべきこと」から「達成」「価値」の例③

〈事例C　英語の勉強（プライベート目標）〉

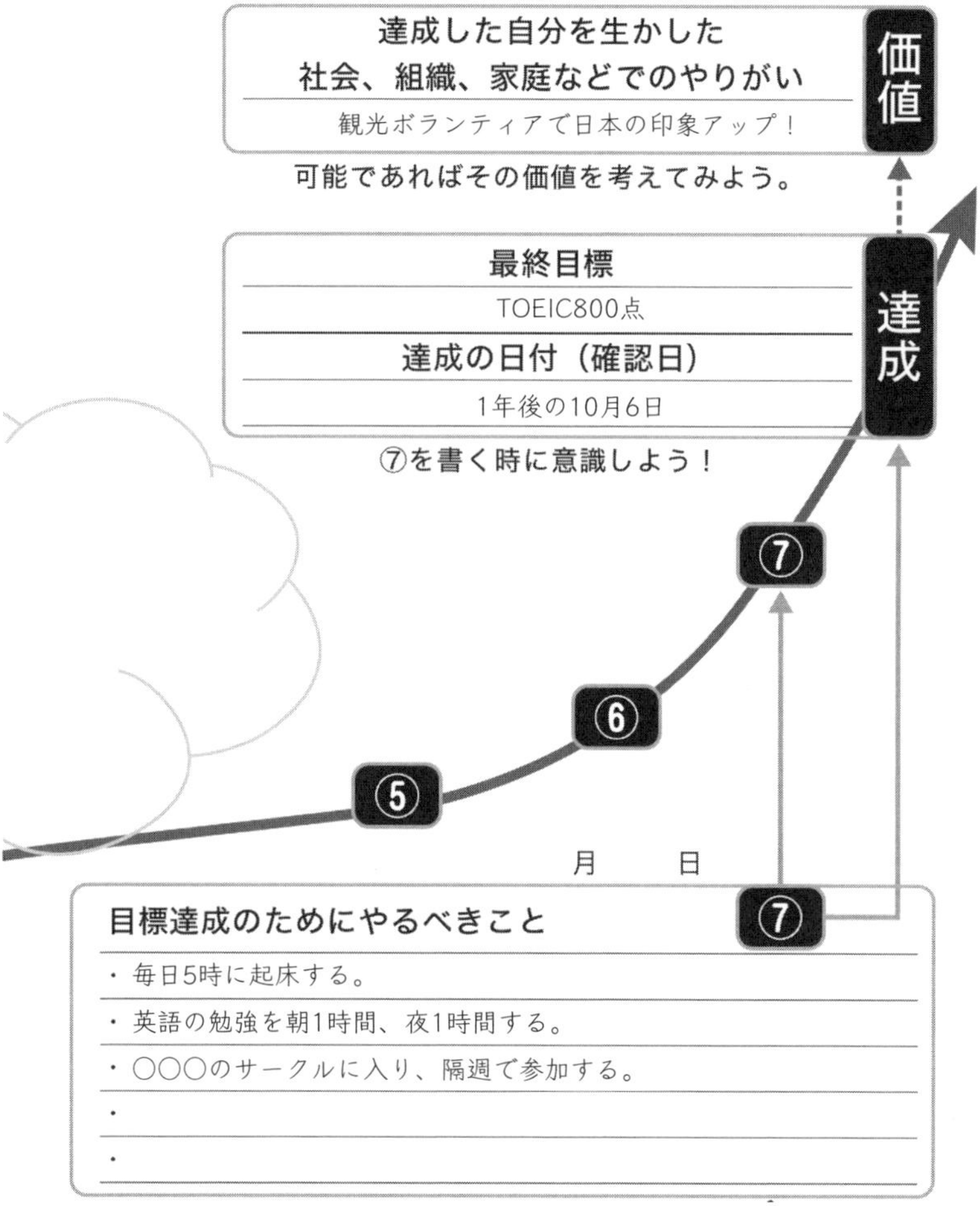

第 4 章

# 周りを巻き込んで達成する！達成シート4つの応用法

*Amazing Sheet To Achieve Your Goals*

## 周りを巻き込む4つの方法

第3章で解説した、ステップ3（92ページ）の目先期では、簡単にできる目先のことを決めて、それをやり続けていく方法を紹介しました。

そうした簡単なことでも、挫折するようなことがあれば、達成シートの④の『目先』のことで、「できそうなこと」に何度も戻って、さらに簡単にできるほんの目先のことを見つけて行動していきますから、それだけで目標達成へ向けた行動ができるようになるはずです。

しかし、そうは言ってもやり続けること自体が難しいときもあるでしょう。そんなときには、この章にある4つの方法を使ってみてください。

具体的には、次の通りです。

### ① 自ら踏み込む

これは、自分で「記録する」ことを楽しみにする方法です。何かを集めるのが好きな方

### ◆周りを巻き込む４つの方法

① **自ら踏み込む**　記録することを楽しみとする方法で、何かを集めるのが好きな方などには有効。

② **チェックを受ける**　記録について、他人にチェックしてもらう方法で、意思が弱めの方や強制力を働かせてほしい方などに有効。

③ **ご褒美を用意する**　ある程度の節目ごとに自分へのご褒美を用意し、アメをつくり出す方法。

④ **競争する**　「チェックを受ける」のさらなる応用版として、単にチェックだけでなく、目先のことをどれくらい継続して実行できているかを他人と競う。

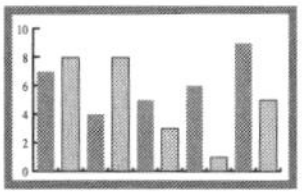

などは非常に有効です。

### ② チェックを受ける

先の「自ら踏み込む」記録について、他人にチェックしてもらう方法です。意思が弱めの方や強制力を働かせてほしい方などに有効です。アメとムチのムチとまではいきませんが、他人の力を多少なりとも借りる他律式の方法です。

### ③ ご褒美を用意する

ある程度の節目ごとに自分へのご褒美を用意し、意識的にアメをつくり出す方法です。何となく自分に甘い方に有効です。

**④ 競争する**

「チェックを受ける」のさらなる応用版として、単にチェックだけでなく、どれくらい継続して実行できているかを他人と競う方法です。負けず嫌いだけど飽きやすい方に有効です。

## 「記録」のつけ方を工夫する

**① 自ら踏み込む**

「自ら踏み込む」と難しそうなタイトルをつけていますが、**実際に行うのは「記録をすること**です。「踏み込む」とは、目先の行動さえ意識しないように、目的意識や目標をさらにそらすように踏み込むといった意味合いです。

記録をつけるのは、目先のことをやり続ける方法の1つです。

何か目先のことをしようと決めたとき、その行動をしたかどうかを目に見える形で記録するのです。

達成シートの「④『目先』のことで、できそうなことを書く！」欄の右側にチェック欄がついています。このチェック欄の詳細版を自分用につくるということです。

ノートでもよいですし、パソコンのソフトでもスマホのアプリでも何でも構いません。カレンダーに○や×をつけている方もいますし、専用ノートをつくる方もいます。パソコンの表計算ソフトで管理する人もいます。

例えば122ページの表は、ある若手営業マンが社内の他の部署との連携がとれていないな、というときに設定した目先の行動をチェックした例です。

他部署との連携を考えると、やらなければいけないこと、意識しなければならないことは他にもたくさんありますが、彼は、とにかく挨拶をするだけでもいいので、面と向かって声掛けをする、会話をすることを実行しようとしました。

しばらくやってみて、目先の行動として何となくやってはいるけれど、果たして本当にやっているのか、あるいはやっていないのかわからない状態になったとのことでした。そこで彼と面談した際に、記録をつけて見える化しようと行動記録の表をつくることをアドバイスしました。

この表は連携すべき他部署がどこなのか特定されていて、関係する人が誰なのかわかっ

◆行動記録の例

| | マンツーマンで会話した | 集団にて会話、または挨拶のみ | 会話していない | 達成率 |
|---|---|---|---|---|
| | ○ | △ | × | 82.8% |
| 06/23 | 4 | 1 | 1 | 66.7% |
| 06/24 | 5 | 0 | 1 | 83.3% |
| 06/25 | 6 | 0 | 2 | 75.0% |
| 06/28 | 8 | 0 | 0 | 100.0% |
| 06/29 | 6 | 0 | 1 | 85.7% |
| 07/05 | 4 | 0 | 2 | 66.7% |
| 07/06 | 4 | 0 | 0 | 100.0% |
| 07/08 | 6 | 0 | 3 | 66.7% |
| 07/12 | 5 | 1 | 1 | 71.4% |
| 07/13 | 4 | 0 | 0 | 100.0% |
| 07/14 | 7 | 0 | 2 | 77.8% |
| 07/15 | 5 | 0 | 0 | 100.0% |
| 09/01 | 5 | 0 | 1 | 83.3% |
| 09/02 | 10 | 0 | 2 | 83.3% |
| 09/07 | 3 | 2 | 0 | 60.0% |
| 09/08 | 5 | 1 | 0 | 83.3% |
| 09/09 | 4 | 0 | 0 | 100.0% |
| 09/10 | 7 | 0 | 1 | 87.5% |
| 09/13 | 4 | 0 | 0 | 100.0% |
| 09/14 | 4 | 1 | 0 | 80.0% |
| 09/15 | 3 | 0 | 0 | 100.0% |
| 09/27 | 3 | 0 | 1 | 75.0% |
| 09/28 | 3 | 0 | 0 | 100.0% |
| 09/29 | 2 | 0 | 2 | 50.0% |
| 10/01 | 9 | 0 | 3 | 75.0% |

※達成率は、○の会話した人数を全員（○、△、×の合計）で割って計算。

ているという前提のものですが、「マンツーマンで会話した人の数」「会議やランチなども含め集団で会話した人の数、もしくは挨拶のみをした人の数」「会話していない人の数」の3つに分けて、出社した日ごとにカウントしていったものです。当日に出社している人が誰で、何人いるかがわかっているので、達成率も計算できます。

自分が外出していたり一日中会議をしていて、そもそも話すことが無理だった日などは、対象外としてカウントせず、表にも記載していません。

この例のように、他部署との連携といった目標では、コミュニケーションを密にとる、という内容の行動計画も多く出てきますが、連携のためにと気負って会話をしようとすると、なかなかうまくいきません。

それよりも、とにかくこの表の達成率を100%にするために、日常的に話しかけるようにしました。

単に話しかけるだけなので、目的意識とは対極にあるようですが、この営業マンは他部署との関係性がよくなり、情報共有などがスムーズになりました。結果的に、この年度の営業成績が非常によく、若手対象の表彰で最優秀賞をとったのです。

もちろん、この記録をつけただけで目標を達成したわけではありませんが、情報が彼のもとに入ってくるようになったり、他部署の人たちと話すことで別の視点に気づいたり、最終的にはお客様目線を意識できた、などの効果があったようです。

もともと「目先のできそうなこと」を設定していたので、この程度の「ちょっと頑張ればよいことの達成率を１００％にしたい！」という記録を狙う感覚でやったのがよかったのです。

後日談ですが、この若手営業マンは、将来を期待されるエースとして全社で認識されるようになりました。そうなるとさらに情報が入ってきたり、他部署の人たちも彼を育てようという意識になったりと、非常にうまく成功したケースです。

スーパーなど、お店のシールやスタンプを集めたり、一時期社会問題にもなったスマホゲーム内アイテムのコンプリートを目指してお金を払うとか、限定品という言葉に弱かったり、というような人は収集癖があると言ってもよいでしょう。

こうした収集癖がない人ももちろんいますが、たいていの人は多かれ少なかれ「集まっていく」「満たされていく」ことに対して、根源的な欲求があります。

逆に考えますと、「不足している」状態は、人間にとっては不安であるということでしょう。そういう意味では、記録をつけていく方法は、多くの人に対して有効な手段と言えます。

達成したいことの本来の目的や目標は脇に置いて、まずは「目先のこと」に取り組もうというのが本書のポイントですが、このように記録をつけていくことはさらに目的や目標から意識をそらす形になります。

設定した目先の行動自体があまり面白くないとか、目先のこととはいえ続けるのはちょっと厳しいなと感じるときに、記録が途切れるのが嫌だとか、記録がたまっていくのが楽しいから行動する、という本末転倒のやり方なのです。

この方法は、「ほんの目先の行動をしましょう」からさらに踏み込んで、目先のことさえ脇に置いて楽しみにしたり、記録そのものに興味を移してしまいましょう、というやり方です。

実際に行うときは、多くの方が手帳や卓上カレンダー、パソコンの表計算ソフトなどを使用していますが、次に記録の方法が面白いと思った事例を紹介します。

## ●玄関に達成シートと記録カレンダーを貼る

Aさんの目先の行動は、「会社へ行く前、朝起きてから家を出るまでにビジネス雑誌を10分読む」でした。

しかし、朝は忙しくてどうしてもやり続けることが難しく、また、やろうとすること自体を忘れてしまうこともたびたびでした。いろいろ試しても、記録をつけることさえ忘れがちになるとのことでした。

そこで、必ず朝一番に目が行くところ、家を出る前に必ず目が行くところは？　と聞いていくと、「玄関」とのこと。

アパートに一人暮らしをしていて、朝起きたらすぐに新聞を玄関の郵便受けに取りに行く習慣があるそうです。玄関であれば、家を出るときにも必ず通ります。

そこで、一人暮らしだからできるのかもしれませんが、玄関の郵便受けに達成シートを貼ることと、記録用のカレンダーを貼るという方法を考えました。

Aさんは、毎朝一番に玄関に行く習慣がありますから、必ず達成シートを見ますし、意識に残ります。そして、行儀はあまりよくないですが、歯を磨きながらや服を着ながらでも雑誌を読むようになりました。

記録用のカレンダーは玄関に貼っておき、家を出るときにできたかどうか、○×で記録するようにしたことで、会社が休みの日にもビジネス雑誌を読む習慣ができたそうです。

この例のように、ついつい行動することを忘れがちだったり、記録することを忘れがちだったりする場合、必ず目が行くところ、確認ができるところに記録するための仕掛けをつくるのがポイントです。

自宅であれば布団の真上の天井、トイレ、洗面所、お風呂、車の中などがおすすめです。オフィスでは人目に触れるのが嫌な場合はパソコンやスマホの画面、手帳などにしてはいかがでしょうか。

## ●GPSログを取る

運動不足解消を目標とした例です。

Bさんの目先の行動は「ウォーキングを毎日8000歩以上」でした。日中は仕事に行ったりしますし、日によってまちまちですが、だいたい5000歩くらいは何もしなくても歩いているとのことでした。

面談では、1日1万歩とまではいかなくとも、通勤や外出するときにちょっと遠回りするなどで、プラス3000歩くらいはできそう、ということでしたので、1日が終わる頃には8000歩にしよう！　となりました。

スマホを活用して歩数をカウントしていたので、それが記録になっていましたが、なかなかモチベーションが上がらないようでした。

そこで、例えば航空会社の個人ページにこれまでの累積飛行距離が地球何周分かといった表示があることや、登山やハイキングなどで歩いた跡のログ（一定形式で時系列に記録したデータ）を取ったりできるという話をしました。

その場で、スマホのアプリで面白そうなものを一緒に探したところ、ＧＰＳのログで、自分が歩いたところが塗りつぶされ、さらに通った回数によって色が変化するものを見つけました。

例えば、1回だけ通ると青く塗られますが、何度も通っていると徐々に色が変わっていき、最後は赤くなるなどです。これを使って、歩数そのものの記録ではなく、いかに違う道を通って広範囲の地図を塗りつぶせるか、何度も同じ道を通って一番回数が多い赤色にする、などの目的にすり替えたところ、８０００歩どころか仕事帰りに多めに歩くようになって、毎日1万歩を超えるようになりました。

Bさんの例のように、記録することの内容や目先の行動結果をすり替えるというやり方も非常に有効です。

行動したかどうかのカウント自体は、目先の行動として設定をしたものでしか計りにくいのですが、そのためのプロセスや累積の結果を別の物にして記録するということです。

先に挙げた航空会社による搭乗記録も、飛行機に乗った回数だけを表示するのではなく、生涯記録としてトータルで地球何周分などと距離に変換しています。

これを応用すると、例えば、インターネットで入手した世界白地図などを用いて、行動をした日には1カ国塗りつぶす、日本の白地図であれば1市町村を塗りつぶすといった方法が考えられます。

目先の行動をすることではなく、塗り絵を完成させることを目的とするのです。

私は九州出身ですが、小学生の頃、「1年間で九州一周マラソン」という企画がありました。詳しくは覚えていませんが、走れば走るほどシールかハンコで地図を埋めていくものでした。走ることよりも九州地図を埋めることを必死にやっていたなあということを思い出します。

こういうものに釣られるのは、子供だろうと大人だろうと一緒です。もちろん、ビジネスでもプライベートでも、人間の根源的な欲求に訴えるので威力を発揮します。

## 誰かに頼んで強制力を働かせる

### ② チェックを受ける

この方法は、タイトルそのままに、**他人に行動や記録のチェックを受ける**ものです。つまり、外部からの「多少の強制」を働かせるということです。

前項で紹介した「自ら踏み込む」方法は、自らの意思の力が前提になっています。それがどうも難しそうな場合は、「せっかくチェックしてもらっているから」とか「やらないと格好悪いな」という程度の他人の力を借りる方法（他律）が有効です。

チェックを受ける項目は、「目先の行動」をしたかどうかなので、「自ら踏み込む」で見てきたような記録の仕組みをそのまま使っても構いません。

他人にお願いするといっても、誰に頼むかは注意が必要です。

上司と部下のような関係でのチェックとなると、上下関係があるため自然と厳しくなったり部下側からの遠慮が出てしまいます。目先の行動やその記録についてのチェックは、上司以外の方のほうがうまくいきます。

また、家族にチェックしてもらう場合も要注意です。あまりにも近い関係ですと、目先の行動をできなかったときのやり取りで、ケンカになることもあります。

もちろん、上司でも家族でもうまくいくケースもあります。記録のチェックを誰にお願いするか、相手と自分の関係などをよく見極めることもポイントです。

チェックの方法ですが、記録は自分で行い、それを確認してもらう方法と、記録そのものを誰かにやってもらう方法の2パターンがあります。

基本的には自分で記録をして、毎日あるいは週単位などでまとめて確認してもらいます。記録そのものを頼むのは、他人に負担をかけることになりますし、その人が目の前にいる状況でなければできません。したがって限られたケースになるでしょうが、他律という意味では効果的です。

しかし、このような強制力を働かせることは、自発的な行動から離れていくことにつながる可能性があります。原則としては、自分で記録をして、記録したものをチェックしてもらう方法が望ましいです。

私自身、このチェック者になることも多くあります。ほとんどがメールやＳＮＳ、ＨＰなどのＩＴツールを使用しての確認になります。

報告を受け、単に見ているだけという状態に近いですが、送るほうは毎日でも毎週でも定期的に送らなければならず、多少見張られているような意識で記録を送っているようです。それでも効き目は十分にあるのです。

頑張っている自分を見てほしいという方もいるでしょうが、それでもまったく構いません。チェックを受ける、ほめてもらう、を他人に頼ってよいのです。

## モノだけでなく「1回休み」もご褒美

### ③ ご褒美を用意する

他人から、そんな小さなことで？と言われようと、どんなに目先のことであろうと、自分で決めた行動を継続してできたら、自分にご褒美を用意します。

自分へのご褒美は有効だ、いやダメだという議論はあちこちでなされていますので、その是非については本書では触れません。

ただ、ご褒美はダメだという意見の方は、自分を過小評価してしまっていて、鼻の先にニンジンをぶら下げて走らせるとそのクセがつく、つまり何かなければ頑張れなくなってしまう、だからダメだという考えが多いようです。

私の見解は、賛成でも反対でもなく、頑張ったものに見合うご褒美であればよいのではないか、です。要するに程度問題ではないかということです。

例えば、休日もあまりないような非常に難しい1年間の長期プロジェクトで、ようやく大きな結果が出た、などであれば結果が出たときにそれなりに大きなご褒美でもよいでしょう。このタイミングと内容が、その頑張りに見合っていれば問題ありません。

そもそも、**普通の人が目標を達成するための方法の1つとして、このような方法（ご褒美）も有効**だということが、実際に多くの方を見ていてわかったというだけのことです。

ご褒美のタイミングや内容について、以下に紹介していきます。

まず、タイミングについては、目先の行動の頻度や内容によりますが、毎日実行するようなものだと1週間単位で考えるのが最適です。毎日ではご褒美になりませんし、1か月だとスパンが長すぎて継続意識が続きません。

2週間や10日という単位も考えられますが、ビジネスでもプライベートでも通常の活動サイクルを考えると、やはり1週間単位で区切られています。ですから、その1週間でのご褒美がタイミング的にはよいのです。

目先の行動は、可能な限り日々の単位に落とすことが望ましいですから、基本的には日々行うような計画にして、1週間単位でご褒美、というのが短すぎず長すぎず最適となります。

また、週間単位での行動であれば、同じように短すぎず長すぎずと考えると、1か月ごとのタイミングが最適です。

ご褒美の内容については、2パターンあります。

**1つ目はご褒美の名の通り、モノやサービスを買ったりする**ものです。

高額なモノから日常プラスアルファのちょっとしたモノまで幅広い選択肢がありますが、ここでいうご褒美とは日常プラスアルファのモノです。

ほんの目先のことを少し継続できたことに対するものですから、それに見合ったほんの少し、つまり日常プラスアルファ程度のご褒美であるべきです。

日々実践する目先の行動に対してのご褒美で、圧倒的に多いものがあります。

日常生活でご褒美にモノを買うようなことはそれほどないためだろうと思いますが、多くの方は飲食をあげます。

いつもよりちょっとだけ高いランチ、ちょっとだけよいお酒、ちょっとだけグレードの高いスイーツ……。もう一品、もうちょっとだけの量ということです。

もちろん財布の中身と相談してでしょうが、財布に影響を与えない範囲の「ほんの目先」のことに対する「ほんのちょっとの贅沢」です。

このとき**1つだけポイントがあります。それはご褒美を先に決めておくこと**です。

例えば、1週間単位でのご褒美としたとき、目先の行動を1週間やり続けて、「さあ、ちょっと贅沢をしよう」ではなくて、この行動をやり続けたらこの日にこのご褒美、と決めておくのです。

後から決めると、いろいろな言い訳や理由をつけて贅沢をしすぎたりするケースを何度も見てきました。

ご褒美でちょっとした幸せを感じられれば、次への活力につながります。自らの「欲」をうまく有効活用しましょう。

**2つ目の方法は、目先の行動を1回休む**というものです。

繰り返し実践できる、ほんの目先の行動を習慣化していこうとしているのに休むとはどういうことか、と思われるかもしれませんが、その目先の行動の内容によっては、有効なこともあります。

多くの場合は、長くやり続けることができるであろう、ほんの目先のことを計画しているはずです。

ですが、中にはやはり少々嫌々ながらとか、苦手だとか、気が乗らないものもあります。そのような行動をやり続けたときのご褒美は、「その行動をやらない」ことも1つのご褒美になります。

単に楽をしようということではなく、習慣化されていく前にきつくなってやめてしまうよりもよっぽどマシといった意味もあります。

本来的なご褒美とは言えないのかもしれませんが、休養日は立派なご褒美になります。目先の行動を設定したときに、最初から休養日を設けてもよいですし、途中でやり続けるのが少々苦しいなというときに、ご褒美として休養日を設定してもよいでしょう。

何でもこのようにすればよいわけではありませんし、1週間に1回だけしかやらない行動を休むこともないでしょうから、日々の目先の行動に対してのみの限定でしょう。

休むことがご褒美になることもあるんだと知っておくだけでも、習慣化の手段が広がりますから、ちょっと詰まったときなどに試してみるのもよいでしょう。

ただし、これは習慣化される前の初期段階での話です。途中からそれほど苦にならなくなったら休養日を設ける必要はありません。継続することが自信にもつながっていきますので、もう休養のご褒美は必要ないだろうと判断したら、いつでもこのご褒美はやめてもらって構いません。

もちろん、行動の内容によっては、あえて休養日を取ることがあってもよいと思います。

## 「続けられているか」を競ってみる

**④ 競争する**

やる気アップのため、他人と競争します。

と言っても最終的な目標そのもの、例えば売上目標などの営業成績について競争するのではなく、「他人からのチェックを受ける」（130ページ）の応用版として、目先の行動をどれくらいやっているかを、社外の友人や自分の業績とまったく関係のない同僚などと、その**「継続度合」をゲーム感覚で競争する**ものです。

ポイントは、自分のライバルや直接的に仕事へ影響する人と競争するのは避けることです。

ライバルなどですと、どうしても焦りが出てきたり、シビアな勝ち負けになったりして、自分のペースではなくなって習慣化どころではなくなりますし、楽しむことができなくなるためです。

これまで多くの方を見てきて、競争相手としてうまくいかなかった例は、ビジネスでは会社の同期や年齢の近い先輩・後輩、学生時代の同級生などです。

業績などが関係してくると直接的なライバルになりますし、そうした関係のない同期だったとしても組織の規模にもよりますが、出世が関わってくる年齢になるとやはり微妙な関係になります。

自分にそのような意識はなくとも、相手がライバル心を持っていた場合などはうまくいきません。

また、学生時代の同級生、例えば大学時代の友人などは一見よいように思えますが、やはり人よりも優位に立ちたいという意識が多少なりともあるケースがあり、競争者としてはうまくいきません。

このような相手と競争をした場合、最初はまさに競争心を煽《あお》られてうまくスタートダッシュできるのですが、無理をしていることが多く、途中で息切れするケースを何度も見てきました。

逆に、最初のうちはゲーム感覚でやっていたのに、途中からは競争心にかられてうまくいかなくなったこともありました。

自分のペースで目先の行動を習慣化することが大事なので、そのペースを狂わせてまで、目標達成そのもので勝負し出すとなかなかうまくいきません。


また、「継続度合」を競争すると書きましたが、これもポイントの1つです。

内容そのものではなくて、どのくらい継続してできているか、です。

継続の度合いを基準にしますと、行動の難易度や進捗度合、結果などに左右されず、目先の行動をいかに習慣化できているかの競争になるからです。


先に書いた、ご褒美の休養などはカウントしないといったルールも決めておき、ある程度対等な競争ができるように事前に決めておくとよいでしょう。この観点のみで競争するならば、会社の同期や学生時代の同級生と競っても大丈夫です。


ここでは目先の行動を継続するための応用方法として4つの手法を紹介しましたが、どれか1つではなく、組み合わせて実践している方が大半です。

とくに、記録をつけるだけの方は少なく、それを第三者にチェックしてもらったりご褒美を設けたりと、併用している方がほとんどです。

いずれにしても、目先の行動を習慣化していく仕掛けとして、自分に合ったものを取り入れながら実践していくことが目標達成へ近づくための第一歩です。

自分には合わないとか、無理そうだと思ったら、やめて別の方法を試して、合うものを見つけていくのが継続のコツです。

# 第5章

# 部下の目標達成をサポート！上司のための達成シートの使い方

*Amazing Sheet To Achieve Your Goals*

## 部下は達成できなくて当然、と認識する

これまで、自分自身が目標達成をするための手法を見てきました。

第5章では、あなたが上司あるいは先輩として、部下や後輩の目標達成を支援する立場にあるとしたら、この達成シートを使ったサポート方法を紹介していきます。

多くの場合は、ビジネスの現場での上司という立場でしょうが、プライベートでも親や友人という立場で十分に活用できます。なお、この章では部下などと「面談」を実施することを原則としています。

本書のポイントは、目標達成は挫折することが前提であり、挫折してもその後の「ほんの目先の行動」を習慣化して自信をつけさせていくことです。

ですが、やはり日常の他の業務が忙しくて、挫折したままあきらめてしまったり、明らかに遠回りしている場合などもあります。

プライベートでの目標（ダイエットや読書の冊数など）でしたら、目標達成の期限が多少延びたり、そもそも明確な期限を設定していなかったりすることもあり、遠回りしてもそれほど影響がないでしょう。

しかし、ビジネスには会計年度という区切りがあり、部門や部署ごとにその区切りで目標を立てているため、今期の目標には届きそうもないから、しょうがない来期へ延ばそう、というわけにはいきません。

ビジネスでの個人目標は組織の目標にも関わってきますから、当然、区切られた期限に間に合うように目標を達成することが求められます。

そして、上司は部下の目標達成を支援するのが重要な役割の1つですので、やはり上司として部下に関わっていかなければなりません。

部下に対する上司の役割とは何かを改めて考えてみますと、部下がいきいきと仕事をして成長ができるように周囲の環境を整え、導いていくことです。

結果として、部下全員の目標を達成させることで、自らの部門の目標を達成し、全社目標の達成へとつなげていきます。そのため、部下一人ひとりの目標を全社目標と結びつけながら達成させていく必要があるのです。

本書の目標達成方法では、上司が知っておかなければならない重要な「心構え」があります。

当てはまらないケースももちろんありますが、多くの場合、上司はその組織内で部下と比べて仕事ができるはずです。

今の時代、年齢を重ねれば全員が上司になるわけではありません。上司として存在する以上は、多かれ少なかれ仕事ができる人の中から、リーダーとして適任だと選抜された存在なのです。

実は、この「仕事ができる」ということが、部下の目標達成を阻害する一番の要因なのです。仕事ができる上司ほど、挫折曲線（41ページ）の最初の大きな落ち込みである第2期の挫折が、よく理解できないからです。

使命感強烈の天才型ほどではないとしても、そこそこ行動ができて、そこそこの成果を出していることが多いので、なぜ部下が行動できないのか、挫折したままなのかが、わからないのです。


ですから、「言わなくてもわかるだろう」「このくらいできて当たり前」と、放任したり、できなければ怒ったりしてしまうのです。

放任したり怒ったりしても部下は成長しません。

**通常は挫折して当たり前、できなくて当たり前、そういうものだと認識することが最初のポイント**です。

部下には大変失礼な話ですが、極端に言うと、相手は子供だ、ぐらいに思ったほうがよいのです。

バカにするわけではなく、未経験なことはうまくできないし、楽なほうに流れて挫折しやすいのは人間として当たり前だという認識に立つのです。

たとえ、上司としての自分が部下より仕事ができるとは思っていなくても、何かしらの場面や目標に対する進捗がうまくいっていないと、「なぜできないんだ！」「なぜやらないんだ！」という気持ちになってしまいます。

ですが、ここは我慢するしかありません。

この**「我慢する」ことが重要なポイント**です。繰り返しになりますが、未経験なことはうまくできないし、楽なほうに流れて挫折しやすいのは人間として当たり前だと知っていれば、根気よく育成しようと思えるはずです。

## 「挫折曲線」の流れに従ってフォローする4ステップ

本書では、挫折曲線（41ページ）の4つの期間を4ステップとしています。

そのステップごとに目標達成シートを使って、部下に対してどのような心構えでどのようなフォローをしていけばよいのか、順を追って紹介します。

最後の最後には叱咤激励をして尻を叩くことがあったとしても、基本的にやるべきことは、面談や日常の会話などでの導き、そしてチェック者としての見守りです。

## ステップ1 「高揚期」によりよいイメージをさせるための上司フォロー

通常のビジネス活動では、上司と部下の「目標設定面談」といったミーティングがあるはずです。

この面談で、「魔法の達成シート」を使います。

まず最初に、達成シートとその曲線に従って、「① ハッピーな自分や他人の姿」、「② ①ハッピーな姿を実現するためにやるべきこと」を決めていきます。

上司に比べると、部下は仕事の目的などをわかっていないことが多いため、「仕事や目標は上から与えられるもの」という認識の人も多くいます。

このため、目指すべき理想の姿自体が見えていないこともあり、ハッピーな自分の姿をシートに書かせると、例えば営業マンだと「受注目標の達成」といった「目標のテーマそのもの」を書いてきたりします。

そうではなく、**「その先にある姿」**をイメージしてもらうように、**質問を繰り返して引き出してあげる**必要があります。

例えば、自分が営業課長の立場だとすると、

**上司：**受注目標を達成すると、ハッピーなの？

**本人：**達成すればハッピーです。

**上司：**どうしてハッピーと感じるの？

**本人：**課長（上司）も喜びますし、プレッシャーから解放されます。

**上司：**なるほど、うちにノルマはないけれど、個人目標はあるからプレッシャーからの解放感は確かにあるよな。プレッシャーからの解放はハッピーというよりも一安心というところかな。私の喜びは置いておいて、他に喜びとかハッピーなのは？

**本人：**部長も喜ぶでしょうね。

**上司：**もちろん部長も喜ぶだろうねえ。全員が目標達成することをすごく気にする人だしね。

というような会話になります。

ここで終わると、上司である自分や部長が喜ぶことが、部下自身にとってハッピーな姿

ということになります。

もちろんそこで終わるのが適切な場合もあります。どこまで掘り下げればよいかは、部下の性格や状態、年齢や経験などによって変わるからです。

例えば、若い層ほど自分自身や周囲の身近な人たちに対する視点が多くなる傾向があります。そして経験や年齢を重ねるにつれてお客様などの社外に視点が移ります。ベテラン社員になると、社会的な視点を持つようになっていきます。

画一的に適用はできませんが、若い層に対して「社会のために」などと言っても、頭では理解できても腹落ちしないケースが大半です。

もし、先ほどの面談をさらに続けるとしたら、

**上司**：ところで、部長はみんなが目標達成することをなぜ気にすると思う？

**本人**：やっぱり部門目標という自分の目標があるからですよね。

**上司**：それもあるだろうね。他に何かあるか考えてみて。

**本人**：うーん。

**上司**：社内ではなく社外に目を向けて考えてみたらどう？

**本人**：社外というとお客様ですよね。

上司：それもあるね。例えば、お客様だとするとどう？

本人：課長もですけど、部長もほんとにこの商品がいい、というよりは愛しているくらいの勢いですから、部下が目標達成するとそれだけ多くの人に使ってもらっているから嬉しいのでしょうか。

上司：そうだね。まさにその通り。だからみんなの目標達成を気にするんだろうね。

本人：そういえば、普段それほど気にしていませんでしたけど、お客様がこの商品を使うことで多少なりともハッピーな気持ちになれば、自分もハッピーです。

というように、お客様が喜んでいることが自分の喜びである、といった状態へ導けるとよいと思います。

このような目的意識を持たせることは重要です。ですが、それが世のため人のため、というような非常に高い視点、あまりにも遠くの視点だったりすると、本人から遠すぎてイメージもできず、実感もわかず、腹落ちしないので、上司の考えを押しつけられたというように、納得できない状態になる可能性もあります。

そのため、面談でどこまで導くかは、部下の志向や思考などを考慮しながら決めていく必要があります。

上司としては、世のため人のため、という高い理念にまで導きたい気持ちになってしまいますが、それらはまず目先のことに取り組んで、小さな成果を積み重ねた後に自発的に出てくるほうが、普通の人にとってはよいアプローチです。

達成シートの最後の最後に【価値】として「何のために？」とか「やりがいとは？」のようなことを書く欄（シート右上）がありますから、自分で気づくまで待って、自分で価値を見い出すように導いてください。

ただし最初の時点では、先ほどの営業マンの例ですと、「上司や部長が喜ぶ」であったり、「上司や部長にほめられている自分」などが「ハッピーな自分や他人の姿」の現実的なところです。

このように質問を投げかけながら、「手段である目標の達成」が幸せである状態から、未来の幸せな自分のイメージを創り上げるためのフォローをしていく必要があります。

部下自身が自分でこのイメージをつくるのと、上司が適切に引き出してあげる場合とでは、実は雲泥の差があります。

**部下が自分だけで考えると、どうしても自分本位で自己中心的な狭いイメージになってしまいがち**です。たとえば営業職ですと、「受注目標を達成すると満足感がある」「売上目標を達成すると賞与が増えて嬉しい」といった内容になってしまいます。それを上司のフォローで少し周りに目を向けさせ、広い視点に立つように導くと、「売上目標を達成するとチームに貢献できて嬉しい」「難しい案件の受注をすると開発部がやりがいがあると喜ぶので嬉しい」「自社のよい製品を使うとお客様が喜ぶ」というように、視野を広げることができます。

実は、**自分の行動で自分自身が喜ぶことよりも他人が喜んだほうが、やりがいや満足感は高いということがわかっていますので、このように視野を広げることができると、目標に取り組むにあたって達成へのスピードや成果が格段に違ってくる**のです。

ただし、繰り返しになりますが、上司があまりに高い目的まで持っていこうとすると、部下はその目的が腹に落ちず、やろうという気持ちが湧かないため効果的ではありません。部下の性格や状態によって、適切なところにするようにしてください。

また、あまりに高い視点で自分のハッピーな姿を設定すると、高揚期のぐーっと上がっていく曲線は高くなりますが、それはそのまま挫折する谷の深さになります。部下が落ち込みすぎるのを避けるという意味でも、ここでの上司の関わり方は大切です。

部下の高揚感が高まり、視界がそれまでより多少開けるくらいの状態になるようにしてあげてください。

同様に、「② ①『ハッピーな姿』を実現するためにやるべきこと」についても、質問をしながら、「① ハッピーな自分や他人の姿」になるための行動を導く必要があります。

ただ、ここでの「やるべきこと」については、「挫折する」という前提なので、多少曖昧でもよいですし、難易度の高い行動項目が書かれていても構いません。

「やらなければならないこと」として部下自身がわかっているケースが多いので、明らかに違う方向性でなければ、それほど厳密に導いていく必要はありません。

従来の目標管理ですと、具体的なアクションプランとして、この欄は非常に重要なのですが、本書のやり方ではそれは後半の「ステップ4」（159ページ）で実施することになります。

上司の留意点としては、「それは無理だろう」といった否定的なことを言わないようにすることです。

ちょっと無理だろうな、と思っても高揚期にある「やってみよう」という新たな気分をわざわざ落とすことはありません。

しかし、部下に対してついつい否定的な物言いをしてしまう上司も多いので、ここはとくに注意してください。

また、内容によっては、挫折せずに実践できるものもあるかもしれませんので、明らかにおかしいと思うもの以外は一旦そのまま受け入れるようにしましょう。

## ステップ2 挫折期でつまずいていいんだ！ と思わせる上司フォロー

ステップ1の「① ハッピーな自分や他人の姿」、「② ①『ハッピーな姿』を実現するためにやるべきこと」については、多くの場合、上司に引き出してもらった内容であったり、理想的な難しいアクションプランであったりするため、なかなか自らを律して行動に移すことができにくく、意欲が落ち込んだり、進捗が遅くなることが想定されます。

すでに述べたように、これは普通のことなので、まったく問題ありません。

その後の行動改善、つまり「ほんの目先のこと」をやり続けるのが重要だと考えると、挫折してよいので、ステップ1から3週間程度は傍観するようにします。

上司は、部下ができていないことや、やっていないことに対して先回りして口を出してしまうことも多く、単なる挫折を必要以上に落とす「余計な手伝い」をしてしまうケースがよくあります。

ここでは**上司として、「行動しない」という行動を心掛ける必要があります。**

つまり、言いたいことを我慢して、何もしないことが求められます。

ただし、何もしないといっても本当に何もしないのではなく、部下に対して直接的なアプローチをしないだけです。放っておくのではなく、何が忙しいのか、なぜできないのかを見ておき、部下の業務遂行の度合いなどを分析する期間ということです。

3週間程度、幅としては2週間〜5週間くらいの期間を置いてから、フォローのために状況確認をします。

面談というかしこまったものではなく、少々軽い感じでの確認のほうがよいケースが多く見受けられます。

さりげなく、「そういえば、この前決めた目標達成に向けての行動計画、どのくらいやってる？」と、何かの折に触れるくらいで十分です。

このタイミングは非常に重要で、目標を設定してすぐの状況では、まだあまりやっていない可能性もあって早すぎます。

挫折を通り越して、あきらめの境地になる前でなければなりませんので、時期を見て声掛けすることが求められます。

2週間程度で声掛けをする場合は、挫折してもいいんだよ、というスタンスで話しかける必要がありますし、4週間ほどたってからだと、すでに挫折しているケースも多いので、さあここからどうしようかというスタンスになります。

いずれにしても、部下が「挫折している」状態を確認したあとに、改めて面談の形を取るようにします。

繰り返しになりますが、いきなり面談をするのではなく、軽い感じで状況確認をしつつ、「できていないのなら、ちょっと時間をとってもう1回考えてみようか」などと、そのときに面談の打診をするほうが望ましいです。

面談の際に目標達成シートの挫折期にある「③　②でできなかった言い訳を書く!」を出してもらいましょう。面談の前に部下に考えてもらうのがよいのですが、その場で書いてもらっても構いません。

このときに言い訳が大量に出てきますが、責めずに受け入れることが重要です。

目標を設定してからの数週間の部下の仕事ぶりなどを見ていると、どうしても突っ込みたくなったり責めたりしたくなりますが、そこはぐっと我慢して、その言い訳を一旦受け入れるのです。

ここでは、行動ができていないといった事実や現象ではなく、このとき、部下がどういう心の状態なのかを見抜かなければなりません。

なぜそのような言い訳が出てきたのかを、できなかった事実の裏にある感情的なものまで含めて聞いていきます。部下が、できなくてもいいんだ、ダメな自分も受け入れてもらえるんだという、精神的にラクな気持ちになるようにします。

いずれにしても、「なるほどなあ、そういう言い訳か」と感心するくらいの度量が必要です。

また、単に受け入れるだけではなく、次のステップである「目先の行動」の設定を支援するときに、同じような言い訳で再度挫折するのを避けるようにフォローするためにも、仕事の状況や感情を把握する目的で言い訳をしっかりと聞き出しておきます。

## ステップ3 目先期で遠回りさせないための上司フォロー

先ほどの、言い訳を聞くための面談と同時に、次のステップである目先の行動をすることへと移ります。一旦、目標そのものは置いておいて、どのようなことをすれば目標へ少しでも近づくのかを一緒に考えていきます。

達成シートの「④『目先』のことで、できそうなことを書く！」欄を使って、質問を繰り返しながら、行動を引き出していきます。

どのようなことでもバカにせずに、目先のことの設定を支援するようにします。ここでは、第2章、第3章で見てきましたように、可能な限り日常的にできる目先の行動へ落とし込んでいきます。

ここで、プライベートの目標ではそれほど問題ないのですが、ビジネス活動では「期限」という問題が出てきます。

本書のポイントである「目先のこと」を追いかけていくとき、あまりにもその行動レベルが低いと、通常は会計年度の区切りで設定されている「目標の期限」に間に合わなくなる可能性が高くなります。

通常の流れで達成シートを実践していくと、「④『目先』のことで、できそうなことを書く！」を設定してやり続け、それでも無理なら、「④' ④ができなければ、さらにほんの『目先』のことでいいので、できそうなことを書く！」という「④→④'」の流れになります。

いくら挫折を繰り返してもよいのですが、あまりにも何度も挫折していては、目標が期限内に達成できなくなります。

このため、**通常の④→④'の流れではなく、最初から「④'」のイメージで行動を設定するようにフォローしていきます。**

つまり、これまでの1か月の仕事ぶりや、できなかった言い訳をしっかりと分析して、目先のこともできるかどうかちょっとあやしいな、と思う部下には、④'となるようなさらに目先の簡単なことに絞るよう導いていきます。そうすることで、その行動についてはすぐに習慣化できるようになります。

とても簡単な、ほんの目先の行動であれば習慣化しやすいので、少ししたら「もうちょっとレベルをあげてみようか」と導いて、目先の行動計画を徐々にブラッシュアップする形でフォローしていきます。

これは、1週間くらいの期間で進捗を確認するくらいのスピード感です。本当に簡単なことから始めて少しずつレベルを上げるように、毎週④'を書き換える形で新しい達成シートをつくっていくとよいでしょう。

可能であれば、第4章で紹介した「チェックを受ける」をさりげなく実施するようにもっていけるとさらに効果的です。

ただし、上手に導かないと、チェックがノルマになってしまったり、報告の強制になってしまうので、本人から言い出すまでは、とにかく「さりげなく」を心掛ける必要があります。

このようにして、②→④→④'という2段階の挫折や落ち込みを避けることで、落ち込みの深さや回数が減ると、挫折から復活していく期間が短くなります。

同時に、細かなブラッシュアップをするようにチェックをしていく誘導が上司からうまくなされると、部下側の負担も少なくなり、目標達成に近づいていきます。

## ステップ4
## 推進期で後退させないための上司フォロー

最後のステップである「推進期」では、一気に加速させる必要があるため、やはり上司のフォローで、その加速度合いが高まります。

達成シートの「⑤　自分をほめる　何かしらの変化を書く！」欄については、部下自身が、自分でほめたり、変化を書くことを遠慮しているケースもあります。

そんなときは、ちょっとした変化を上司の側から伝えてあげることも、自己肯定感を出すためには有効です。

このときも面談などで改まって言うよりは、何かの折に「さりげなく」伝えるほうが効果的です。

挫折期と同様に、ここでも「さりげなく」が重要です。

多少わざとらしくても、「目先の◯◯の行動を続けているから、□□の効果が出ているね」などと伝えるようにします。

また、以下のような方法も有効です。

・部下から見た先輩社員や別の部署の上司と示し合わせ、自分と同じことをさりげなく重複して言うようにしてもらう。

・上司としては直接言わないが、効果が出ていると先輩社員に言わせるようにする。

・上司としては直接言わないが、上司がほめていたと先輩社員に言わせるようにする。

部下としては、自分は目先の行動を継続できているなあ、多少変化が出てきているかな、と思っていても、なかなか達成シートに書いたり言ったりはしにくいでしょう。そんなとき、上司や先輩側からのアプローチがあると、気分的にラクになり、堂々と書くことができますし、どんなに小さなことでもモチベーションアップにつながります。

多少変化が出てきて、何かしらの継続習慣がついてモチベーションも上がってきたなと思ったら、次の「やめること」へ進みますが、実はこのポイントは大きな壁でもありますので、そのタイミングは慎重にする必要があります。

達成シートの「⑥ 今の習慣でやめてもよいこと」の部分は、この「やめる」が難しくて挫折してしまうケースが多いことは、本書の第3章で触れました。

これまでの仕事のやり方などを含めて、従来の習慣をなかなか変えられないので、新たなことができないのです。

「目先のことをやる」に加えて、この部分こそが目標達成のプロセスの中でとても重要となります。

目標達成しやすい人は、いきなりこれができるので、本当にやるべきことに使う時間ができて達成していくのです。

コップに水が満杯の状態では新たな取り組みは難しいですが、その水を捨てれば自動的に新しい水は入りやすくなります。

しかし、古い水を捨てさせるのは難度が高いため、挫折もしやすく、継続できていた目先のことがしっかり習慣化されていないと元の木阿弥に戻る可能性もあるので、タイミングをはかる必要があるのです。

目先のことで部下の心境や行動に変化が現れ、成果が出てきたのであれば、上司の働きかけ方としては、

「この機会に無駄かもしれないなと思っていることや変えたほうがいいなと思っていることをやめてみたらどうか」

「改善してみようよ。そうすればもっと大きな変化にならないか」

というようなことを伝えて、部下の決意を促すようにします。

他にも達成シートの順番通り、そろそろ次へのステップ行ってみるか、などとシートをうまく使ってもよいでしょう。

この達成シートの「⑥ 今の習慣でやめてもよいこと」については、可能な限り面談をすることが望ましいと思います。

期限のあるビジネスの現場で、1人ではなかなかできない部分もあるので、前章で紹介した「チェックを受ける」ことなども活用しながら、面談の中で今の習慣でやめることを約束していくのです。

達成シートの「② ①『ハッピーな姿』を実現するためにやるべきこと」の中に「やめるべきこと」が入っていれば、それがそのまま、ここでやめることになるのが望ましいので、そのように誘導をします。

もちろん、新たによいものが出てくれば、そちらにして構いません。

そして、「⑥　今の習慣でやめてもよいこと」を考えるのと同時に、同じ面談の場で、「⑦　目標達成のためにやるべきこと」も考えていきます。

コップの古い水を捨てることができたら、どのような新しい水を入れるかを同時に考えるわけです。

可能な限り⑥と⑦はセットにしてください。⑥で何かしらをやめることができても、空き時間があると、別のやらなくてもいいことをしてしまう可能性もあるからです。

やめるべきことをやめてできた空き時間に、やるべきことをスッと入れることができれば、もう目標を達成したようなものです。

「⑦　目標達成のためにやるべきこと」には、達成シートの「②　①『ハッピーな姿』を実現するためにやるべきこと」を振り返って、そこに書かれていることをそのまま記載してもよいですし、書き換えてもよいでしょう。まったく同じ内容であっても、簡単には挫折しない体質に変わってきているはずです。

ここでようやく、上司としての叱咤激励など、部下に負荷をかけていく時期になります。

もちろん気持ちが折れやすい部下に対しては慎重にしなければなりませんが、ここで手を緩めてはダメです。進捗チェックや実績に対して短期でのフィードバック量を多くしていくことで、目標達成に向けて実績が加速していきます。

場合によっては、目標に集中的に取り組ませるために、部下に悟られないように一時的に業務量をコントロールするのも効果があります。

目先のことの実行で体質改善が進んでいるとはいえ、いきなり大きく変わることもないため、達成シートの⑥、⑦に取り組み始めるスタート時限定ですが、業務量を減らしてあげることも考えてみてください。

最後に、ようやく目標の期限と達成水準を書いてもらいます。

企業活動の中では最初から明確になっているでしょうが、最初に書くよりも体質が改善されて、できるという自信がついてから、改めて認識させるほうが普通の人である部下にとっては、行動自体もやりやすく、腹落ちもしやすいはずです。

大きな大きな理念の話として、仕事そのものや目標達成が社会でどのように役立つのか、どのような意義があるのか、社会や会社、家庭での価値など、そういう夢のある話を部下から引き出していくようにします。

従来の目標管理では一番最初に考えるべきことですが、あまりに大きな理念はなかなか腹落ちしませんので、このときに考えるのが適切なのです。

ただし、間違っても上司としての夢や価値観を押しつけてはいけません。

経営理念に代表される会社の価値観は、社員に浸透させていく必要があります。しかし、その価値観について部下本人が心から同意していなければ、まったく意味がありません。やはり本人から引き出す必要があります。

これがいわゆる「仕事の目的意識」という部分であり、一部の使命感強烈の天才型が最初から持っているものです。でも普通の人は、このような遠回りのプロセスを経なければ、なかなかたどりつけない領域なのです。


この章では、上司が部下の目標達成を支援するための心構えや手法を書いてきました。

**ポイントは我慢することと、計算しつくしたタイミングを見計らってアプローチすることの2点**です。

普段から部下の業務進捗や行動を見て、性格やさまざまな仕事の状況を把握していることが前提です。

結局のところ最後は、部下の成長を心から願う愛情が一番重要なのです。

## 読者特典！

# 「魔法の達成シート」のダウンロード方法

本書で使用している「魔法の達成シート」は巻末に付録としてつけてありますが、ダウンロードすることもできます。ダウンロードデータは、

1　ＰＤＦ形式のシート

2　エクセル形式のシート

の2種類があります。

ＰＤＦ形式のシートはそのままプリントアウトしてお使いいただけます。

エクセル形式のシートについては、ご自分の会社等に合うよう編集して使うこともできます。

インターネットに接続し、アドレスバーに下記ＵＲＬを入力してください。

魔法の達成シートのダウンロードＵＲＬ

http://www.njg.co.jp/data/5406mahou.zip

＊入力はすべて「半角英数字」で行ってください

※URL 入力の際は、半角・全角等ご確認いただき、お間違えないようご注意ください。

※ファイルはｚｉｐ形式にて圧縮を行っております。解凍ソフトを別途ご用意のうえ、ご利用ください。

※本ファイルに起因する不具合に対しては、弊社は責任を負いかねます。ご了承ください。

※本ダウンロードサービスは、予告なく終了する場合がございますので、ご承知おきください。

佐藤耕一（さとう　こういち）
日本で数少ない「目標達成の専門家」。新経営サービスの人事戦略研究所に所属する組織・人事コンサルタント。工学修士（奈良先端科学技術大学院大学）、経営学修士（大阪大学）。新卒でJR九州に鉄道信号通信の技師として入社後、教育業界に転身。ベンチャー企業の塾部門で小学生から社会人まで各種受験に対する目標達成を支援し、関連会社で教育機関向け経営コンサルティングを実施。その後、京セラのコンサルティング会社へ移り、35歳で人事コンサルティング部の部長を拝命。目標面談やシート添削、進捗管理を実施し、これまでの対象者は14,000人を超える。その指導ノウハウを体系化し、中小から大企業まで目標達成の支援を実施している。

あらゆる目標《もくひょう》を達成《たっせい》するすごいシート

2016年8月1日　初版発行

著　者　佐藤耕一　©K.Sato 2016
発行者　吉田啓二

発行所　株式会社日本実業出版社　東京都文京区本郷3－2－12 〒113-0033
大阪市北区西天満6－8－1 〒530-0047
編集部　☎03-3814-5651
営業部　☎03-3814-5161　振　替　00170－1－25349
http://www.njg.co.jp/

印刷／壮光舎　製本／共栄社

この本の内容についてのお問合せは、書面かFAX（03－3818－2723）にてお願い致します。
落丁・乱丁本は、送料小社負担にて、お取り替え致します。

ISBN 978-4-534-05406-7　Printed in JAPAN